Le français intermédiaire

Le français intermédiaire

저자 김경숙, 김경희, 김언자, 김현주,
서은영, 선효숙, 조항덕

감수 Pierrick MICOTTIS

신아사

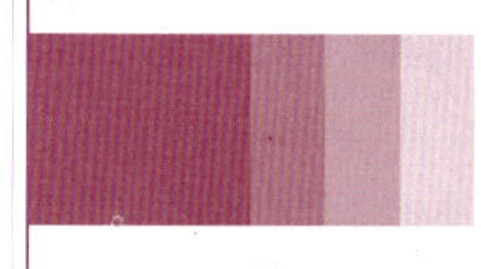

머리말

유럽의 중심국가인 프랑스는 오랜 역사적 전통과 세련된 고급문화를 간직하고 있는 선진국입니다. 프랑스 사람들은 자기 나라의 언어에 대한 자부심이 강하고 언어를 아름답게 만들기 위해서 막대한 재정 지원과 노력을 아끼지 않습니다. 실제로 프랑스어는 전세계의 모든 언어 중에서 가장 아름다운 언어로 알려져 있습니다. 프랑스어의 발음이 독특하여 음성적으로 부드러우면서 청각적으로 감미롭게 들립니다. 프랑스어에는 프랑스인들의 지적인 낭만과 자유분방함이 고스란히 배어 있습니다.

우리는 다양한 민족이 서로 한데 어울려 살아가는 실질적으로 국제화된 시대를 살아가고 있으며, 국제화된 사회를 살아가는 우리는 여러 개의 외국어를 말할 줄 알아야 합니다. 영어는 기본적으로 누구나 구사할 수 있어야 하며 여기에서 더 나아가 국제적으로 통용되는 주요 외국어를 말할 수 있어야 합니다. 프랑스어는 UN과 같은 국제기구를 비롯하여 IOC, FIFA 등 세계 스포츠 분야에서 공식적으로 지정된 언어이며 국제회의에서 널리 쓰이는 외교 언어입니다. 프랑스어를 말할 줄 아는 능력을 갖고 있는 사람은 취업에서도 유리한 고지를 점령할 수 있습니다. 국제기구뿐만이 아니라 국제 통상 업무에서도 프랑스어는 유용하게 사용되고 있기 때문입니다. 특히 앞으로 개발의 여지가 많은 아프리카에 프랑스어를 공용어로 사용하고 있는 나라들이 많다는 것은 프랑스어를 말할 줄 아는 우리의 젊은이들이 도전해볼 만한 넓은 시장이 있다는 것을 말해 줍니다.

본 교재는 프랑스어 문법을 간단하지만 종합적으로 정리하여 초급과 중급 단계의 프랑스어를 학습하려는 학생들에게 적합하도록 구성되었습니다. 본 교재가 여러 사람들에게 넓은 분야에서 유용하게 사용되기를 기대합니다.

2010년 2월 저자 일동

TABLE DES MATIÈRES

1. 프랑스어 모음

– 프랑스어 모음 사각형

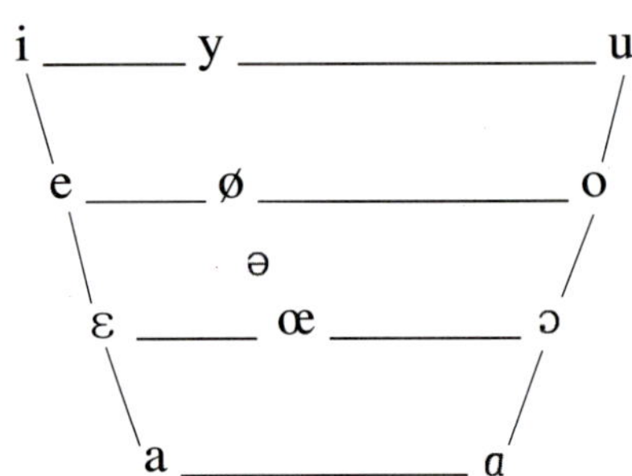

1.1. 구강모음

1) 전모음 : [i], [e], [ɛ], [ɑ].

ex. ici [isi], bébé [bebe], mais [mɛ], là [la]

2) 후모음 : [u], [o], [ɔ], [ɑ].

ex. ou [u], beau [bo], pomme [pɔm], pas [pɑ]

3) 전모음/원순음 : [y], [ø], [œ], [ə].

ex. rue [ʀy], feu [fø], bœuf [bœf], ce [sə]

1.2. 비강모음

1) [œ̃] : un [œ̃], brun [bʀœ̃], parfum [paʀfœ̃].

2) [ɛ̃] : pain [pɛ̃], vin [vɛ̃], saint [sɛ̃].

3) [ɔ̃] : bon [bɔ̃], mont [mɔ̃], long [lɔ̃].

4) [ɑ̃] : banc [bɑ̃], lent [lɑ̃], temps [tɑ̃].

1.3. 묵음

– [ə] : je [ʒə], debout [dəbu], vendredi[vɑ̃dʀədi].

1.4. 반모음(반자음)

1) [j] : pied [pje], lion [ljɔ̃], conseil [kɔ̃sɛj].

2) [ɥ] : nuage [nɥaʒ], continuer [kɔ̃tinɥe], lui [lɥi].

3) [w] : roi [ʀwa], jouet [ʒwe], ouest [west].

2. 프랑스어 자음

– 프랑스어 자음 구조

	양순음	순치음	설단음	치찰음	후치조음	경구개음	연구개음
무성음	p	f	t	s	ʃ		k
유성음	b	v	d	z	ʒ		g
비강음	m		n			ɲ	
	R, l						

2.1. 폐쇄음

1) [p] / [b] : pierre [pjɛ:ʀ] / bière [bjɛ:ʀ], pont [pɔ̃] / bon [bɔ̃].

2) [t] / [d] : tout [tu] / doux [du], vite [vit] / vide [vid].

3) [k] / [g] : comme [kɔm] / gomme [gɔm], quai [kɛ] / gai [gɛ].

2.2. 협착음

1) [f] / [v] : fin [fɛ̃] / vin [vɛ̃],
sportif [spɔʀtif] / sportive [spɔʀti:v].

2) [s] / [z] : sel [sɛl] / zèle [zɛl],
poisson [pwasɔ̃] / poison [pwazɔ̃].

3) [ʃ] / [ʒ] : choix [ʃwa] / joie [ʒwa], chou [ʃu] / joue [ʒu].

2.3. 설측음

- [l] : lanterne [lɑ̃tɛʀn], salut [saly], salle [sal].

2.4. 목젖음

- [ʀ] : rose [ʀo:z], arbre [aʀbʀ], heureux [œʀø].

2.5. 비강자음

1) [m] / [n] : mon [mɔ̃] / non [nɔ̃], maître [mɛtʀ] / naître [nɛtʀ].

2) [ɲ] : montagne [mɔ̃taɲ], campagne [kɑ̃paɲ], peigner [pɛɲe].

Le français intermédiaire

Je suis étudiant.

Être 동사와 인칭대명사

✲ être 동사와 인칭대명사 (Les pronoms personnels)

Je suis français.	Nous sommes en vacances.
Tu es anglais.	Vous êtes de Lyon.
Il/Elle est étudiant(e).	Ils/Elles sont fatigué(e)s.

(1) Vous / Tu

'Vous'는 존칭의 단수형태 또는 Tu의 복수형태로, 'Tu'는 친근한 단수형태로 쓰인다.

Vous êtes prêt, Monsieur Kim ?

Vous êtes prêts, les amis ?

Tu es prête, maman ?

(2) 'On'은 일반적인 '사람들' 이나 '우리들' 을 지칭하는 일상적인 표현으로 동사는 3인칭 단수형으로 쓴다.

Jean et moi, on est fatigués.

(= Jean et moi, nous sommes fatigués.)

Quand on travaille beaucoup, on est fatigué.

En France, on aime le vin.

✲ C'est / Il est

'C'est'는 지시된 사람이나 사물을 가리키며, 'Il est'는 한번 제시된 사람이나 사물을 다시 받을 때 쓰인다.

Paul, c'est mon ami. Il est étudiant.

Regarde, c'est la voiture de Jean. Elle est belle !

001 예문과 같이 주어진 être동사를 사용하여 문장을 만드시오.

je, français ⇒ *Je suis* français.

(1) tu, coréen ⇒ ____________________
(2) il, anglais ⇒ ____________________
(3) ils, grands ⇒ ____________________
(4) elles, petites ⇒ ____________________

002 예문과 같이 적절한 인칭대명사와 être동사를 넣으시오.

Antonio et moi, espagnol ⇒ *Antonio et moi*, nous sommes espagnols.

(1) M. et Mme Hans, allemand ⇒ ____________________
(2) Lui et toi, japonais ⇒ ____________________
(3) Marie et Sophie, français ⇒ ____________________

003 예문과 같이 C'est와 Il est를 사용하여 문장을 만드시오.

une voiture - neuf ⇒ *C'est* une voiture. *Elle est* neuve.

(1) un portable - ultra moderne ⇒ ____________________
(2) un ordinateur - utile ⇒ ____________________
(3) une chaise - solide ⇒ ____________________
(4) un meuble - classique ⇒ ____________________

004 C'est, il est, elle est를 넣어 다음 글을 완성하시오.

Sophie, __________ une française charmante. __________ étudiante.
Son copain, __________ italien. __________ très gentil.
Mais il fume beaucoup, __________ mauvais pour la santé.

Une belle fille et de beaux garçons

형용사(l'adjectif)의 일치

(1) 수식하는 명사나 대명사의 성 · 수에 일치시킨다.
un petit garçon / une petite fille
des garçons charmants / des filles charmantes

(2) et로 연결된 명사들을 수식하는 경우

· 명사들의 성이 같은 경우 그 성의 복수형을 쓴다.
Paul et Jean sont sympas.
Pauline et Jeanne sont mignonnes.

· 명사들의 성이 다른 경우 남성복수형을 쓴다.
Pierre et Marie sont courageux.

복수형용사 앞에서
des → de :
de beaux garçons

(3) 동일한 형용사가 두 개 이상의 명사를 수식하는 경우 형용사는 반복되어 사용된다. 그러나 뒤에서 수식하는 경우는 반복하지 않는다.
une belle fille et de beaux garçons
un fauteuil et une chaise confortables

(4) 명사에서 파생된 색깔형용사는 변화하지 않는다.
des yeux marron, des pantalons bleu marine

(5) 몇몇 형용사들은 특정한 동사와 함께 부사적으로 사용되어 변화하지 않는다.

coûter cher	⇨	Cette robe, ça coûte cher !
parler (bas, fort, haut)	⇨	Parlez plus fort !
sentir (bon, mauvais)	⇨	Les roses, ça sent bon !
travailler dur	⇨	Les étudiants travaillent dur.
voir clair	⇨	Je ne vois pas clair.

001 예문과 같이 알맞은 형용사를 넣으시오.

beau ⇒ Mon frère et mon père sont *beaux*.

(1) gentil ⇒ Mon ami et sa femme sont ______________________

(2) beau ⇒ Sophie et ses amies sont ______________________

(3) brun ⇒ Son pantalon et ses chaussures sont ______________

(4) blanc ⇒ Ta chemise et tes chaussettes sont ______________

002 예문과 같이 알맞은 부정관사와 형용사를 넣으시오.

beau ⇒ *un beau* garçon et *de belles* filles

(1) grand ⇒ ____________ fille et ____________ garçons

(2) long ⇒ ____________ jupe et ____________ cheveux

(3) solide ⇒ ____________ table et ____________ chaise

(4) gentil ⇒ ____________ homme et ____________ femme

003 Mauvais, fort, dur, clair 중에서 알맞은 단어를 골라 알맞은 형으로 넣으시오.

La glace au chocolat est *bonne*.

(1) La cigarette sent ____________

(2) C'est une chambre ____________

(3) Elle travaille ____________

(4) Elles sont ____________ en français.

004 형용사 long, bleu clair, cher, beau를 사용하여 다음 글을 완성하시오.

Sophie : J'ai acheté cette robe ________ hier.

Nicole : C'est une ________ robe ! Elle coûte ________ ?

Sophie : Non. Mais elle est un peu ________ pour moi.

Nicole : Mais non, elle te va très bien.

Un fils et une fille

관사와 명사

관사는 명사 앞에 쓰이며 명사의 성 · 수에 일치한다.

✲ 부정관사(l'article indéfini)와 정관사(l'article défini)

부정관사

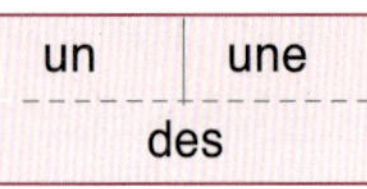

un	une
des	

정관사

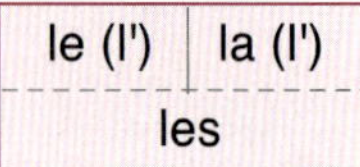

le (l')	la (l')
les	

✲ 명사(le nom)

(1) 명사의 성

① 명사는 남성과 여성으로 구분되며, 여성형은 일반적으로 남성형에 -e를 첨가하여 만든다.

un étudiant ⇨ une étudiante

un boulanger → une boulangère

② e로 끝나는 명사는 남성형과 여성형이 동일하다.

un/une journaliste, un/une architecte, un/une concierge.

③ en으로 끝나는 명사는 마지막 자음을 중복한 뒤에 -e를 첨가한다.

un comédien ⇨ une comédienne, un Coréen ⇨ une Coréenne

④ 특수한 여성형을 취하는 경우도 있다.

un acteur ⇨ une actrice, un chanteur ⇨ une chanteuse

un copain ⇨ une copine, un prince ⇨ une princesse

un roi ⇨ une reine, un héros ⇨ une héroïne

(2) 명사의 수

① 복수형은 일반적으로 단수형에 -s를 첨가하여 만든다.

un livre ⇨ des livres

② s, z, x로 끝나는 명사는 단수형과 복수형이 동일하다.

un pays ⇨ des pays, un nez ⇨ des nez, un choix ⇨ des choix

③ -al로 끝나는 명사는 복수형에서 -aux로 바뀐다.

un journal ⇨ des journaux, un animal ⇨ des animaux

un carnaval → des carnavals

④ eau, eu, ou로 끝나는 명사는 -x를 첨가한다.

un gâteau ⇨ des gâteaux, un cheveu ⇨ des cheveux, un bijou ⇨ des bijoux

un pneu → des pneus

⑤ 특수한 복수형을 취하는 경우도 있다.

un œil ⇨ des yeux, Monsieur ⇨ Messieurs, Madame ⇨ Mesdames

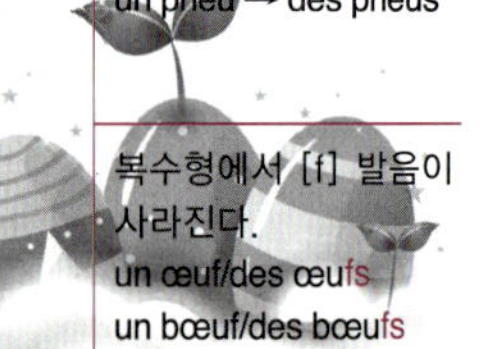

복수형에서 [f] 발음이 사라진다.
un œuf/des œufs
un bœuf/des bœufs

001 예문과 같이 여성형으로 바꾸시오.

J'ai *un fils adorable*. ⇒ J'ai *une fille adorable*.

(1) C'est un chanteur coréen. ⇒ ________________

(2) Ce musicien a beaucoup de talent. ⇒ ________________

(3) J'ai un copain français. ⇒ ________________

(4) Le concierge n'est pas gentil. ⇒ ________________

002 예문과 같이 성을 바꾸어 문장을 완성하시오.

Roberto est un comédien italien. Anna *est une comédienne italienne.*

(1) Carmen est une danseuse espagnole. Carlos ________________

(2) Mon cousin est un champion de Taekwondo. Ma cousine ________

(3) Jang Dongkeon est un acteur coréen. Choi Jiu ________________

(4) Ma mère est directrice de l'école. Mon père ________________

003 예문과 같이 복수형으로 바꾸시오.

J'ai acheté *un gâteau*. ⇒ J'ai acheté *des gâteaux*.

(1) Vous voulez un journal ? ⇒ ________________

(2) C'est un cadeau pour toi. ⇒ ________________

(3) J'ai entendu une voix d'homme. ⇒ ________________

(4) Regarde ce monsieur ! ⇒ ________________

004 다음 빈칸에 알맞은 관사를 넣으시오.

Paul : Jean, tu as passé _____ bonnes vacances ?

Jean : Pas vraiment. Je suis parti en Bretagne avec ma famille. Oh, il pleuvait tout _____ temps. En plus, j'ai eu _____ problème avec ma voiture. Et toi, ça s'est bien passé ?

Paul : Oui, super ! Je suis allé dans le sud avec _____ amis. On avait _____ temps magnifique. Nous avons visité _____ musée Chagall à Nice.

Vous habitez ici ?

부정문과 의문문

✻ 부정문(la négation)

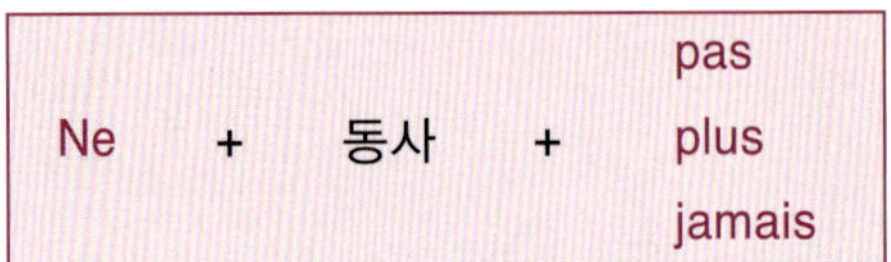

Je suis Coréen. ⇨ Je ne suis pas Coréen.

Il a visité la France. ⇨ Il n'a pas encore visité la France.

J'habite encore chez mes parents. ⇨ Je n'habite plus chez mes parents.

Il répond à mes questions. ⇨ Il ne répond jamais à mes questions.

Il vient toujours à l'heure. ⇨ Il ne vient jamais à l'heure.

✻ 의문문(l'interrogation)

(1) 평서문 억양을 올려서 만든다.

Vous habitez ici ?

- Oui, j'habite ici. / Non, je n'habite pas ici.

Vous ne prenez pas de dessert ?

- Si, je prends une tarte aux pommes. / Non, je ne prends pas de dessert.

(2) Est-ce que + 평서문 ?

Est-ce qu'il parle anglais ?

- Oui, il parle anglais. / Non, il ne parle pas anglais.

(3) 도치형

① 단순형: 주어와 동사의 위치를 바꾼다.

Connaissez-vous Bernard Werber ?

Avez-vous appelé la police après l'accident de voiture ?

② 복합형: 주어가 명사일 때, 동사 뒤에 주어를 받는 인칭대명사를 첨가하여 만든다.

La terrasse est-elle grande ?   Pierre est-il allé à l'école ?

001 예문과 같이 ne ... pas(encore), ne ... plus, ne ... jamais를 이용하여 부정문으로 만드시오.

Je vais à l'hôpital. ⇒ Je ne vais pas à l'hôpital.

(1) Mon père lave sa voiture. ⇒

(2) Je passe toujours mes vacances en France. ⇒

(3) Cette robe est à la mode. ⇒

(4) Le magasin est déjà fermé. ⇒

(5) Il est encore malade. ⇒

002 예문과 같이 질문에 대답하시오.

Vous avez de l'argent ? ⇒ Non, je n'ai pas d'argent.

(1) Vous connaissez la poésie de Victor Hugo ? Oui, ______________

(2) Vous êtes libre, demain soir ? Non, ______________

(3) Est-ce que vous prenez souvent le train ? Non, ______________

(4) Est-ce que vous faites du sport ? Non, ______________

(5) Vous n'êtes pas Coréen ? Si, ______________

(6) Vous travaillez le samedi ? Non, ______________

003 다음 문장을 완성하시오.

Roger: Julie m'a dit que tu fumes encore !

Anna: Mais non ! Je ne fume ____________.

Roger: Est-ce que Julie dit toujours la vérité ?

Anna: Ah ! Elle ne dit ___________ la vérité.

Je finis mon repas. Après, j'arrive !

직설법(l'indicatif) 현재시제 : 1, 2군 동사

✻ 1군 동사와 2군 동사 현재형

· 1군 동사: chanter, parler, habiter, aimer, manger, payer

J'aime le cinéma.	Nous chantons une chanson.
Tu parles bien français !	Vous mangez beaucoup !
Il/Elle habite à Paris.	Ils/Elles payent l'addition.

1군 동사의 어미 e, es, e, ent는 발음되지 않는다.
Je parle coréen.
Tu parles anglais.
Il/Elle parle français.
Ils/Elles parlent espagnol.

· 2군 동사: finir, réfléchir, grandir, obéir, rougir, réussir

Je finis mon devoir.	Nous obéissons à nos parents.
Tu réfléchis bien.	Vous rougissez !
Il/Elle grandit vite.	Ils/Elles réussissent leur examen.

형용사(여성형)에서 파생된 것들은 주로 2군 동사이다.

grande ⇨ grandir　　Les enfants grandissent vite.
grosse ⇨ grossir　　Elle a grossi.
rouge ⇨ rougir　　Je rougis devant les autres.
vieille ⇨ vieillir　　Les parents vieillissent.

✻ 직설법 현재시제의 용법

(1) 현재의 상태나 행위를 표현한다.
Nous sommes dans la classe. Nous travaillons.

(2) 불변의 진리를 표현한다.
La terre tourne autour du soleil.

(3) 현재의 습관을 표현한다.
Je me lève à 7 heures.

(4) 가까운 미래의 행위를 표현한다.
Attends ! J'arrive.

001 예문과 같이 주어진 동사를 알맞게 변화 시키시오.

(dîner) Il *dîne* dans un restaurant.

(1) (habiter) Nous _______________ en Corée.
(2) (chanter) Tu _______________ bien.
(3) (parler) Elle _______________ français.
(4) (regarder) Je _______________ la télévision.

002 주어진 동사를 알맞게 변화시켜 넣으시오.

(1) (grossir) On _______________ en hiver.
(2) (finir) Je _______________ mon rapport.
(3) (réfléchir) _______________ avant de dire oui !
(4) (choisir) Il _______________ son menu.

003 예문과 같이 질문에 자유롭게 대답하시오.

Quelle langue parlez-vous ?
- Je parle coréen, français et anglais.

(1) Quelle musique aimez-vous ? - _______________
(2) Tu habites à Paris ? - _______________
(3) Vous obéissez à vos parents ? _______________

004 Parler, chercher, donner, finir 중에서 알맞은 동사를 골라 문장을 완성하시오.

Bonjour ! Je m'appelle Clémentine. Je _________ bientôt mes études d'anglais à la Sorbonne. Je ___________ anglais, espagnol et un petit peu chinois. Je _____________ un emploi de secrétaire. Je vous __________ mon adresse de courriel: clémentine@aol.com

Nous commençons à travailler.

직설법 현재 시제 : 1군 동사 변칙

Je 다음에 모음이나 무음 h로 시작되는 동사가 올 경우 모음 축약이 된다.
J'essaie
J'appelle
J'achète
J'habite

(1) verbes en -yer, -cer, -ger

	essayer	commencer	manger
Je(J')	essaie	commence	mange
Tu	essaies	commences	manges
Il/Elle	essaie	commence	mange
Nous	essayons	commençons	mangeons
Vous	essayez	commencez	mangez
Ils/Elles	essaient	commencent	mangent

(2) verbes en -eler, -eter

	appeler	jeter	acheter
Je(J')	appelle	jette	achète
Tu	appelles	jettes	achètes
Il/Elle	appelle	jette	achète
Nous	appelons	jetons	achetons
Vous	appelez	jetez	achetez
Ils/Elles	appellent	jettent	achète

(3) verbes en -e+자음+er

	lever	mener
Je	lève	mène
Tu	lèves	mènes
Il	lève	mène
Nous	levons	menons
Vous	levez	menez
Ils	lèvent	mènent

(4) verbes en -é+자음+er

	révéler	céder
Je	révèle	cède
Tu	révèles	cèdes
Il	révèle	cède
Nous	révélons	cédons
Vous	révélez	cédez
Ils	révèlent	cèdent

001 주어진 동사를 알맞은 형태로 넣으시오.

(1) (commencer) Nous ______________ la leçon 9.

(2) (manger) Nous ___________ une glace.

(3) (voyager) Nous _____________ en avion.

(4) (acheter) Elle _____________ une robe.

(5) (appeler) Tu _____________ ton ami.

002 예문처럼 주어진 단어를 사용하여 문장을 만드시오.

le vin / la bière (préférer)
Vous préférez le vin ou la bière ? - Je préfère le vin.

(1) l'été / l'hiver (préférer) Vous __________________________ ?
- Je ___________________________

(2) un CD / un DVD (acheter) Vous __________________________ ?
- Je ___________________________

(3) la jupe / le pantalon (essayer) Vous __________________________ ?
- Je ___________________________

(4) en train / en voiture (voyager) Vous __________________________ ?
- Je ___________________________

003 예문의 문장을 인칭에 맞게 변형시키시오.

Minho raconte :
Quand je voyage dans un pays étranger, j'achète d'abord un plan. Après, j'appelle un taxi pour aller à l'hôtel. Je visite des musées et je mange au restaurant.
⇒ Minho et Ara racontent :
Quand nous ____
____
____

Tu viens avec moi ?

직설법 현재시제 : 3군 동사(1)

✲ aller / venir

aller	
Je vais	Nous allons
Tu vas	Vous allez
Il/Elle va	Ils/Elles vont

venir	
Je viens	Nous venons
Tu viens	Vous venez
Il/Elle vient	Ils/Elles viennent

Je vais dans la salle 201.

Tu viens avec moi ?

✲ faire

faire	
Je fais	Nous faisons
Tu fais	Vous faites
Il/Elle fait	Ils/Elles font

(1) faire de + 스포츠, 예술, 공부 등의 활동 표현

Je fais du sport. Tu fais de la natation.

Il fait du piano. Elle fait du français.

(2) faire + 일 또는 직업

Je fais le ménage. Vous faites la cuisine.

Il fait la vaisselle. Mon frère fait son service militaire.

✲ prendre

prendre	
Je prends	Nous prenons
Tu prends	Vous prenez
Il/Elle prend	Ils/Elles prennent

Je prends un taxi, vous prenez le métro ?

Il prend un steak et elle prend un poisson.

Il pleut. Prends ton parapluie !

001 Aller, venir 중에서 알맞은 동사를 선택하여 변화시키시오.

(1) Je _________ chez le dentiste.

(2) Mes parents _____________ au Mexique.

(3) Ils _____________ du sud de la France.

(4) On __________ en France et Pierre __________ avec nous.

002 Faire, prendre 중에서 알맞은 동사를 선택하여 변화시키시오.

(1) Elle _________ une bière.

(2) Ils ___________ du tennis.

(3) Il pleut; je ____________ un parapluie.

(4) Je _________ le métro, vous ___________ le car.

(5) Le trajet est très long; ça ___________ trois heures.

003 다음 빈칸에 faire나 prendre 동사를 넣어 질문을 만들고 자유롭게 대답하시오.

(1) Qu'est-ce que vous _________, quand vous êtes libre ?

- ____

(2) Vous _______ un cachet d'aspirine, quand vous avez mal à la tête ?

- ____

004 다음 대화문 빈칸에 적합한 동사를 넣으시오.

A : Vous _____________ d'où, maintenant ?

B : Nous _____________ du restaurant universitaire.

A : Pierre, qu'est-ce que tu _____ cet après-midi ?

B : Je _______ au cinéma avec Mireille.

A : Comment vous allez là-bas ?

B : Comme c'est loin, on ___________ un bus.

Je crois que oui.

직설법 현재시제 : 3군 동사(2)

(1) boire

Je	bois	Nous	buvons
Tu	bois	Vous	buvez
Il/Elle	boit	Ils/Elles	boivent

(2) croire

Je	crois	Nous	croyons
Tu	crois	Vous	croyez
Il/Elle	croit	Ils/Elles	croient

(3) connaître

Je	connais	Nous	connaissons
Tu	connais	Vous	connaissez
Il/Elle	connaît	Ils/Elles	connaissent

ouvrir 와 offrir 동사는 3군동사이나 1군동사처럼 변화한다.

(4) ouvrir

J'	ouvre	Nous	ouvrons
Tu	ouvres	Vous	ouvrez
Il/Elle	ouvre	Ils/Elles	ouvrent

(5) mourir

Je	meurs	Nous	mourons
Tu	meurs	Vous	mourez
Il/Elle	meurt	Ils/Elles	meurent

(6) valoir

Je	vaux	Nous	valons
Tu	vaux	Vous	valez
Il/Elle	vaut	Ils/Elles	valent

001 Boire 동사를 변화시켜 문장을 완성하시오.

(1) Je ________ du vin.

(2) Nous ________ du lait.

(3) Vous ________ de l'eau.

(4) Ils ________ du café.

002 Croire 동사를 변화시켜 문장을 완성하시오.

(1) Tu ________ en Dieu ?

(2) Nous ________ qu'il viendra.

(3) Elle ________ avoir raison.

(4) ________-vous votre ami ?

003 Mourir 동사를 변화시켜 문장을 완성하시오.

(1) Les enfants ________ de faim en Afrique.

(2) Le héros ________ dans un accident de voiture.

(3) Tu ________ d'envie de sortir.

(4) Vous ________ d'ennui dans ce pays.

004 Boire, croire, valoir 동사를 사용하여 다음 글을 완성하시오.

Monique : Sophie n'est pas là ?
Jacques : Non, je ________ qu'elle est malade.
Monique : Ah bon ? Qu'est-ce qu'elle a ?
Jacques : Elle ________ trop ces jours-ci.
Monique : Il ________ mieux qu'elle arrête de boire.

Il habite à Paris.

전치사(la préposition)(1)와 축약관사(l'article contracté)

✽ À

(1) 장소 또는 시간

Elle va à Nice.

J'ai un rendez-vous à 15 heures.

(2) 소유

Ce portable est à Philippe.

(3) ~에게(간접목적어)

Elle a envoyé une lettre à ses parents.

(4) 용도

la salle à manger, une tasse à café (≠ une tasse de café)

un studio à louer

en + 여성명사나 모음으로 시작하는 남성명사
en Californie
en France
en Iran

· 관사의 축약

~~à + le~~	⇒	au
~~à + les~~	⇒	aux

Mon ami habite au Japon, mais ses parents habitent aux Etats-Unis.

✽ De

(1) 소유, 소속 C'est le vélo de Jeannette.

(2) 출발, ~부터 Il est sorti de l'école.

(3) 출신, 기원 Vous êtes d'où ? - Je suis de Corée.

(4) 방법, 도구 Il a dit non de la tête.

· 관사의 축약

~~de + le~~	⇒	du
~~de + les~~	⇒	des

C'est la maison du directeur.

Washington est la capitale des Etats-Unis.

001 A, de 중에서 알맞은 전치사를 골라 넣으시오.

(1) Nous allons _______ Cannes le mois prochain.

(2) Est-ce que c'est la voiture _______ Paul ?

(3) J'ai rendez-vous _______ 17 heures devant le cinéma.

(4) J'ai travaillé _______ 13 heures _______ 18 heures.

002 보기에서 알맞은 표현을 골라 써넣으시오.

au, à l', à la, aux, du, de l', de la, des

(1) Mon frère est allé _______ Mexique.

(2) Ma sœur habite _______ île Jeju.

(3) Jean et ses parents sont revenus _______ États-Unis.

(4) Sophie sort _______ restaurant.

(5) Je veux prendre une tarte _______ crème.

(6) Nous allons faire un voyage _______ îles Canaries.

(7) C'est un employé _______ Hôtel de ville de Paris.

(8) Nous avons rencontré notre professeur en face _______ Maison Blanche.

003 빈칸에 알맞은 표현을 넣어 글을 완성하시오.

Mon amie Jiyoung est allée _______ Lyon pour ses études. Elle s'intéresse beaucoup _______ la musique. Elle aime aussi le cinéma. Elle me parle souvent _______ cinéma français.

Sur le pont d'Avignon, on y danse.

전치사(2)

✲ Dans / Sur / Sous

A est sur B.

B est sous A.

A et B sont dans C.

Nous sommes dans la salle de classe.

Le vase est sur la table.

Les bateaux passent sous le pont.

dans la rue,
sur la route

(1) Dans은 닫힌 공간, sur는 열린 공간의 의미로 사용된다.

dans : Il est entré dans la maison.
Il travaille dans une banque.
Dans le sac, il y a un crayon.

sur : On fait une promenade sur le quai.
On prend le café sur la terrasse.
Mon appartement donne sur la rue.

(2) Sur/Au-dessus, Sous/Au-dessous

J'ai collé un timbre sur l'enveloppe.

L'avion vole au-dessus de l'océan Pacifique.

J'ai mis un napperon sous le vase.

La température est descendue au-dessous de 0°C.

001 Dans, sur, sous 중에서 알맞은 것을 넣으시오.

(1) Le camion roule __________ l'autoroute.

(2) La télévision est __________ le salon.

(3) Les bateaux passent __________ le pont.

(4) Je cherche une chambre qui donne __________ la mer.

(5) Il y a des documents __________ mon sac à dos.

002 알맞은 전치사를 사용하여 예문과 같이 문장을 완성하시오.

poser / chapeau / table
⇒ Je pose mon chapeau *sur* la table..

(1) acheter / pain / boulangerie
⇒ ______________________________

(2) rencontrer / ami / quai
⇒ ______________________________

(3) avoir rendez-vous / café de la Paix
⇒ ______________________________

(4) maison / donner / rue
⇒ ______________________________

003 Dans, sur, au-dessus des, au-dessous de를 사용하여 문장을 완성시키시오.

Il faisait froid. La température est descendue ______________ 0℃.
On est entré ________ un café qui donne ________ le jardin.
On a regardé par la fenêtre: les oiseaux volaient __________ arbres.

Voici ton sac, voilà le mien.

소유형용사(l'adjectif possessif) / 소유대명사(le pronom possessif)

✻ 형태

소유자	소유형용사	소유대명사			
		남성단수	여성단수	남성복수	여성복수
Je	mon, ma, mes	le mien	la mienne	les miens	les miennes
Tu	ton, ta, tes	le tien	la tienne	les tiens	les tiennes
Il/Elle	son, sa, ses	le sien	la sienne	les siens	les siennes
Nous	notre, notre, nos	le nôtre	la nôtre	les nôtres	
Vous	votre, votre, vos	le vôtre	la vôtre	les vôtres	
Ils/Elles	leur, leur, leurs	le leur	la leur	les leurs	

✻ 용법

(1) 소유대명사는 〈소유형용사 + 명사〉와 같고 반드시 정관사를 붙인다.

Ma fille joue avec la tienne. (= ta fille)

Ses livres et les vôtres (= vos livres) sont sur la table.

(2) 소유자의 성 · 수에 상관없이 피소유물의 성 · 수에 일치한다.

그의 넥타이 = sa cravate = la sienne

그녀들의 오빠 = leur frère = le leur

(3) 소유대명사가 단독으로 쓰일 때

남성복수형 : 가족, 친지, 동지 등을 의미한다.

Il a retrouvé tous les siens. (그는 모든 가족을 되찾았다.)

001 예문과 같이 소유형용사를 써넣으시오.

Elle a une montre. ⇨ C'est *sa* montre.

(1) Il a une amie. ⇨ C'est ________ amie.
(2) Tu as des clés. ⇨ Ce sont ________ clés.
(3) Nous avons une télévision. ⇨ C'est ________ télévision.
(4) Vous avez un fils. ⇨ C'est ________ fils.

002 예문과 같이 소유대명사로 바꾸시오.

la fille de Sophie ⇨ *la sienne*

(1) les enfants de ses amis ⇨ ____________________
(2) tes frères ⇨ ____________________
(3) le livre de tes parents ⇨ ____________________
(4) les sacs de votre femme ⇨ ____________________

003 예문과 같이 소유대명사를 넣어 문장을 완성하시오.

그녀는 모든 가족을 잃었다. ⇨ Elle a perdu *tous les siens*.

(1) 나는 모든 가족들과 함께 산다.⇨ J'habite avec ________________
(2) 그들은 모든 친지들을 만났다. ⇨ Ils ont rencontré ________________

004 소유대명사 le mien, la mienne, le tien, la tienne를 사용하여 다음 글을 완성하시오.

Sophie : Ce pantalon est à toi ?
Jérôme : Non, ce n'est pas ________________
Sophie : Ta fille est plus grande que ________________ ?
Jérôme : Non, elle est plus petite que ________________.

Ce vélo est à moi et celui-là est à mon frère.

지시형용사와 지시대명사

ce → cet : 모음이나 무음 h 앞에서 ce는 cet로 바뀐다.
~~ce homme~~
→ cet homme

✲ 지시형용사(l'adjectif démonstratif)

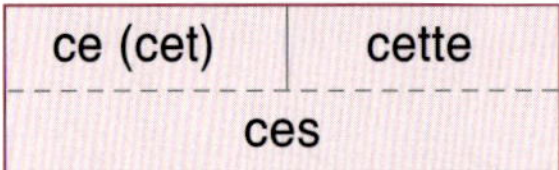

ce (cet)	cette
ces	

(1) 명사 앞에 쓰이며 지시 또는 한정하는 역할을 한다.

Regarde cette église ! Elle est magnifique.

Je voyagerai en France cet été.

(2) 복합형 : -ci / -là

-ci : 시간적, 공간적으로 가까이 있는 것을 가리킨다.

-là : 시간적, 공간적으로 멀리 있는 것을 가리킨다.

Ce jour-là, j'étais très occupé, mais ces jours-ci, je n'ai pas beaucoup de travail.

✲ 지시대명사(le pronom démonstratif)

(1) 단순형

celui	celle
ceux	celles

Passez-moi le livre ! Lequel ? Celui de Victor Hugo ?

Regarde la voiture ! Laquelle ? Celle qui est sur le trottoir ?

(2) 복합형

celui-ci/ celui-là	celle-ci/ celle-là
ceux-ci/ ceux-là	celles-ci/ celles-là

Ce vélo est à moi et celui-là est à mon frère.

Cette robe est trop petite et celle-là trop grande.

Ne prenez pas ces fruits. Ceux-là sont meilleurs.

Quelles chaussures voulez-vous ? Celles-ci ou celles-là ?

001 예문과 같이 지시형용사를 써넣으시오.

Tu connais *ce* peintre ? Ses tableaux sont magnifiques.

(1) J'aime bien ________ écrivain. Il a eu le prix Nobel récemment.

(2) As-tu déjà rencontré ________ photographe ? Comment est-elle ?

(3) Je n'ai jamais écouté ________ chanteurs. Peux-tu me prêter un CD ?

(4) Je ne supporte pas ________ monsieur. Il se croit important.

002 예문과 같이 지시대명사를 써넣으시오.

N'achète pas ce livre. *Celui-là* est plus intéressant.

(1) Ne mets pas cette veste. __________ te va mieux.

(2) Quel film voulez-vous voir ? __________ avec Juliette Binoche ou celui-là avec Audry Totou ?

(3) Vous cherchez des gants ? Regardez. __________ sont en laine et __________ sont en cuir.

(4) Voyons, quelles lunettes vous iraient mieux, _____________ avec monture ou __________ sans monture ?

003 다음 빈칸에 알맞은 지시대명사를 넣으시오.

Paul: Tu as vu la nouvelle voiture de Jean ?
Max: ________ qui est garée au parking ?
Paul: Oui, une jolie berline.
Max: Non, _______ est à sa femme.

Luc : Tu as choisi ? Tu veux quel plat ? Une côtelette d'agneau, un couscous⋯.
Nicole ; Je ne sais pas. J'ai envie de manger quelque chose de bon et léger.
Luc : Tu aimes la bouillabaisse ?
Nicole : Oui, surtout ________ qui a beaucoup de fruits de mer.
Luc : Mais il n'y a pas de fruits de mer dans la bouillabaisse !
Nicole : Ah bon. Dans ce cas, prenons un plateau de coquillages.
Luc : Bonne idée ! Mais il y en a deux sortes : _______ et _______ Lequel veux-tu ?
Nicole : Je prends ________

Il y a un bon film à la télé.

Avoir 동사와 Il y a

✲ Avoir

긍정문(forme affirmative)		부정문(forme négative)	
J'	ai 20 ans.	Je	n'ai pas
Tu	as une voiture.	Tu	n'as pas
Il/Elle	a de la chance.	Il/Elle	n'a pas
Nous	avons une question.	Nous	n'avons pas
Vous	avez rendez-vous ?	Vous	n'avez pas
Ils/Elles	ont des enfants.	Ils/Elles	n'ont pas

(1) 부정문에서 un, une, des는 de로 바뀐다.

Est-ce que vous avez une voiture ?

- Non, je n'ai pas de voiture.

Est-ce qu'il a des enfants ?

- Non, il n'a pas d'enfants.

(2) 관용적 표현

Il a soif.

On a faim.

J'ai chaud.

Tu as froid.

'C'est'는 신분을 나타내거나 설명을 할 때 쓰인다.
C'est un ami.
C'est difficile.

'Il y a'는 위치나 존재를 나타낼 때 쓰인다.
Il y a un sac sur la table.
Il y a + 시간표현
Je suis arrivé ici il y a une semaine.

✲ Il y a / Il n'y a pas

Il y a un bon film à la télévision ce soir.

Tout se passe bien. Il n'y a pas de problème.

001 Avoir를 넣어 문장을 완성하시오.

(1) Il ____________ deux enfants.

(2) Nous ________ une petite voiture.

(3) J' ___________ une idee.

(4) Vous ____________ faim ?

002 빈칸에 il y a, il n'y a pas, c'est, ce n'est pas를 넣고 연결하시오.

(1) Qu'est-ce que c'est ?	a. Non, ____________ facile.
(2) Il y a un problème ?	b. Oui, ce soir, ___________ un film.
(3) Quelle est votre adresse ?	c. ____________ une collègue.
(4) C'est facile ?	d. Non, ___________ de problème.
(5) Il y a un film ?	e. ____________ 21, rue de Milan.
(6) C'est qui ?	f. _____________ un robot aspirateur.

003 Etre, avoir를 이용하여 문장을 만드시오.

Je _________ (professeur - 32 ans) ⇒ Je *suis* professeur. J'*ai* 32 ans.

(1) Nous ________________________ (mariés - deux enfants)

(2) Il _____________________ (rendez-vous à 17 heures - en retard)

(3) Je _______________________ (perdu dans la rue - froid et faim)

(4) Ils ________________________ (pris jeudi soir - réunion)

004 C'est, il y a, il n'y a pas를 넣어 문장을 완성하시오.

Ribeauvillé, ___________ un petit village en Alsace. ___________ très joli. ____________ de belles maisons à Colombages. En hiver, ____________ de touristes, _______________ très calme. En été, _______________ différent, ____________ beaucoup de touristes.

Un, deux, trois...

수 (기수와 서수)

✻ 기수(les nombres cardinaux)

0 zéro				
1 un	11 onze	21 vingt et un	61 soixante et un	200 deux cents
2 deux	12 douze	22 vingt-deux	70 soixante-dix	201 deux cent un
3 trois	13 treize	30 trente	71 soixante et onze	1 000 mille
4 quatre	14 quatorze	31 trente et un	72 soixante-douze	10 000 dix mille
5 cinq	15 quinze	32 trente-deux	80 quatre-vingts	1 000 000 un million
6 six	16 seize	40 quarante	81 quatre-vingt-un	
7 sept	17 dix-sept	41 quarante et un	82 quatre-vingt-deux	
8 huit	18 dix-huit	50 cinquante	90 quatre-vingt-dix	
9 neuf	19 dix-neuf	51 cinquante et un	91 quatre-vingt-onze	
10 dix	20 vingt	60 soixante	100 cent	
100 000 000 cent millions			1 000 000 000 un milliard	

(1) <cinq>, <six>, <huit>, <dix>의 마지막 자음은 자음으로 시작되는 단어가 오면 발음되지 않는다.

cinq stylos　six personnes　huit livres　dix jours

(2) <neuf>의 'f'는 모음이나 무음 h로 시작되는 단어 앞에서 [v]로 발음된다.

Il est neuf heures. [v]　　Elle a neuf ans. [v]

✻ 서수(les nombres ordinaux)

1er premier	2e deuxième (=second)	3e troisième	4e quatrième	5e cinquième
6e sixième	7e septième	8e huitième	9e neuvième	10e dixième

(1) 서수는 기수에 -ième를 붙인다.　deux +ième ⇒ deuxième

(2) premier, second, dernier는 남성형과 여성형이 다르다.

⇒ première, seconde, dernière

mon premier cadeau　ma dernière classe

(3) 특별한 변화형

quatre ⇒ quatrième　cinq ⇒ cinquième　neuf ⇒ neuvième

(4) 날짜 표기에서 매월 첫째 날은 서수로 표현한다.

le premier janvier　le trois octobre

Napoléon premier, Louis XIV

001 숫자를 보기처럼 쓰시오.

Chaussures (45 €) *quarante-cinq euros* Livre (8,50 €) *huit euros cinquante*

(1) Ordinateur (1 000 €) ⇨ ____________________

(2) Pantalon (23,30 €) ⇨ ____________________

(3) Sac à dos (67 €) ⇨ ____________________

(4) Manteau (129,90 €) ⇨ ____________________

002 예문과 같이 문장을 완성하시오.

Dans une minute, il y a *soixante secondes.*

(1) Dans une équipe de football, il y a ____________ joueurs.

(2) Dans un paquet de cigarettes, il y a ____________ cigarettes.

(3) Dans une semaine, il y a ____________ jours.

(4) Dans une année, il y a ____________ mois.

003 다음은 라디오 주파수입니다. 예문과 같이 표기하시요.

(92.6) France Musique, *c'est quatre-vingt-douze point six.*

(1) (87.8) France Inter, ____________________

(2) (94.3) France Culture, ____________________

(3) (105.9) France Info, ____________________

(4) (93.1) KBS FM, ____________________

004 다음 대화문을 완성하시오.

Janvier, c'est le premier mois de l'année ? - Oui, c'est *le premier mois*

Octobre est le 11e mois de l'année ? - Non, c'est ____________

Lundi, c'est le deuxième jour de la semaine ? - Non, c'est ____________

Samedi est le 5e jour de la semaine ? - Non, c'est ____________

Vous avez l'heure ?

시간과 날짜 표현

✲ 시간

Quelle heure est-il ? - Il est une heure vingt.

Il est quelle heure ? - Il est trois heures et demie.

Vous avez l'heure ? - Il est six heures moins le quart.

✲ 날씨

Quel temps fait-il ?

(soleil)	Il fait beau.
(nuages)	Il fait gris.
(parapluie)	Il pleut.
(neige)	Il neige.
+30° C	Il fait chaud.
-20° C	Il fait froid.

✲ 날짜, 요일

달(월) 표현에는 en (= au mois de)을 사용한다.
- Nous sommes en (au mois de) juillet.

On est le combien, aujourd'hui ?

- On est le 6 mai.
- Aujourd'hui, nous sommes le lundi 18 mai.

Quel jour sommes-nous, aujourd'hui ? / Quel jour est-ce, aujourd'hui ?

- On est mardi.
- C'est mardi.

✲ 계절

au printemps — En France, il fait doux au printemps.

en été — Au Japon, il fait chaud en été.

en automne — En Corée, il fait beau en automne.

en hiver — Au Canada, il fait froid en hiver.

001 C'est, il fait로 완성하시오.

(1) En été, ___________ humide en Corée.

(2) Nous faisons du ski quand __________ la saison.

(3) _______________ plus chaud à Rome qu'à Prague.

(4) Il est minuit. ____________ le dernier journal de télé.

002 알맞은 표현으로 완성하시오.

(1) Quand _______ 8 heures à Paris en été, _______ 15 heures à Séoul.

(2) Dans l'île de Jeju, __________ souvent du vent.

(3) Vous allez à la plage quand _____________ beau.

(4) L'automne, ___________ la plus belle saison en Corée.

003 서로 관련되는 문장끼리 연결하시오.

(1) Il neige.	a. On se promène.
(2) En hiver, le soleil se couche tôt.	b. Il fait nuit.
(3) Tu dois partir maintenant.	c. Je fais du ski.
(4) Il fait soleil.	d. Il est tard.

004 다음 대화문 빈칸에 적합한 표현을 넣으시오.

A : _____________ très froid chez toi !

B : Eh oui, le chauffage est en panne.

A : Il est quelle heure ?

B : __________ minuit.

A : Déjà ? __________ trop tard. Je dois partir.

Au Canada, on parle français et anglais.

부정대명사(le pronom indéfini)

✲ On

주어로만 사용되며 세 가지 의미로 쓰인다.

On parle français et anglais au Canada. (on = les gens)

On frappe à la porte. (on = quelqu'un)

Si on faisait une promenade ? (on = nous)

부정문에서는 quelqu'un이 personne로 바뀐다.
Tu as rencontré quelqu'un ?
- Non, je n'ai rencontré personne.

✲ Quelqu'un

한정되지 않은 사람을 나타낸다.

Quelqu'un est tombé par terre.

Est-ce qu'il y a quelqu'un qui peut répondre à ma question ?

Elle téléphone à quelqu'un.

부정문에서는 quelque chose가 rien으로 바뀐다.
Avez-vous quelque chose à faire ?
- Non, je n'ai rien à faire.

✲ Quelque chose

사물이나 추상적 개념을 나타낸다.

On doit faire quelque chose.

Voulez-vous prendre quelque chose ?

Elle cherche quelque chose de plus intéressant.

✲ Tout / Tous(Toutes)

(1) 막연한 전체를 의미한다.

Tout va bien chez moi.

Ils chantent tous ensemble la Marseillaise.

Elles partent toutes en voyage.

(2) 앞에 언급된 명사를 받는다.

J'ai deux amies italiennes; toutes parlent français.

Vieillards, hommes, femmes, enfants, tous voulaient me voir.

001 On, quelqu'un, quelque chose 중에서 알맞은 대명사를 골라 넣으시오.

(1) ________________ est six.

(2) ________________ ne fonctionne pas dans ce moteur.

(3) ________________ est mort par accident de voiture.

(4) J'ai entendu tomber ________________ par terre.

002 Tout, tous, toutes 중에서 알맞은 대명사를 골라 넣으시오.

(1) _________ est bien qui finit bien.

(2) _________ sont d'accord, sauf Philippe.

(3) Nous sommes capables de __________.

(4) Ce sera _______ pour aujourd'hui, M. le directeur ?

(5) Mon amie a une belle collection de photos anciennes : __________ n'ont pas la même valeur.

003 다음 대화를 완성시키시오.

(1) Léon : Est-ce que tu attends quelqu'un ?
Claire : Non, ____.

(2) Léon : Est-ce que tu vois quelqu'un ?
Claire : Non, ____.

(3) Léon : Alors, quelqu'un arrive maintenant ?
Claire : Non, ____.

(4) Christie : Est-ce que tu as besoin de quelque chose ?
Brigitte : Non, ____.

(5) Christie : Est-ce qu'il y a quelque chose dans la boîte ?
Brigitte : Non, ____.

(6) Christie : Voulez-vous quelque chose de nouveau ?
Brigitte : Non, ____.

Elle chante vraiment bien !

부사 (l'adverbe)

✲ -ment으로 끝나는 부사

(1) 형용사의 여성형에 -ment을 첨가한다.

certain ⇒ certainement

heureux ⇒ heureusement

doux ⇒ doucement

(예외) gentil ⇒ gentiment

(2) 모음으로 끝나는 형용사는 남성형에 -ment를 첨가한다.

vrai ⇒ vraiment

absolu ⇒ absolument

(예외) gai ⇒ gaiement

(3) -ent, -ant로 끝나는 형용사는 -emment, -amment로 바뀐다.

évident ⇒ évidemment

fréquent ⇒ fréquemment

savant ⇒ savamment

(4) 그 외의 경우

énorme ⇒ énormément

précis ⇒ précisément

profond ⇒ profondément

intense ⇒ intensément

✲ 형용사와 혼동하기 쉬운 부사

(1) bien / bon

bien (부사) : Elle chante bien.

bon (형용사) : Edith Piaf est une bonne chanteuse.

(2) mal / mauvais

mal (부사) : Elle joue mal du piano.

mauvais (형용사) : Paulette est une mauvaise pianiste.

001 예문과 같이 부사로 바꾸어 다시 쓰시오.

Il parle *de manière polie*. ⇒ Il parle *poliment*.

(1) Le professeur explique de manière claire. ⇒

(2) Le directeur a répondu de manière sèche. ⇒

(3) Elle se comporte de manière naturelle. ⇒

(4) Il nous écoute de manière attentive. ⇒

002 예문과 같이 부사로 바꾸어 다시 쓰시오.

Elle parle *avec douceur*. ⇒ Elle parle *doucement*.

(1) Il m'indique le chemin avec gentillesse. ⇒

(2) On attend le docteur avec patience. ⇒

(3) Il parle avec sincérité. ⇒

(4) Il conduit avec prudence. ⇒

003 Bonne, bien, mauvais, mal, vite, rapide, lent, lentement 중에서 알맞은 것을 골라 문장을 완성하시오.

(1) Le professeur parle trop ________. Je ne le comprends pas.

(2) Parlez plus ________ s'il vous plaît. Je ne peux pas vous suivre.

(3) C'est formidable ! Les acteurs jouent ________.

(4) Quel plat original ! Ta mère est une ________ cuisinière.

004 빈칸에 알맞은 부사를 넣으시오.

Je vous présente Jean, mon patron. C'est un homme *sérieux*. Il travaille *sérieusement*. Il est *réguller* dans ses habitudes. Il va voir ses parents ________ Il a un côté *méchant*. Il a mis ________ un employé à la porte. Mais il est *franc*. Il lui a expliqué ________ la raison de son licenciement. C'est un *bon* directeur. Il dirige ________ l'entreprise.

Nous partons pour Paris.

전치사(3)

✻ Depuis / pour / jusqu'à / pendant / en

(1) Depuis

- 시간 표현(~부터, ~이래, ~전부터)

  Je suis en Corée depuis trois ans. Il est malade depuis hier soir.

- 공간 표현

  Nous avons marché depuis Myungdong.

(2) Pour

- 목적이나 용도를 나타낸다. Cette lettre est pour vous.
- 행선지를 나타낸다. Nous partons pour Paris.
- 예정 시기나 기간을 나타낸다. Pour quand ce sera prêt ?

  Nous partons en vacances pour une semaine.

(3) Jusqu'à는 시간과 공간을 나타낸다.

Depuis le matin jusqu'au soir on a travaillé.

De Busan jusqu'à Séoul il y a environ 430 kilomètres.

(4) Pendant은 시간을 나타낸다.

J'ai étudié le français pendant mes vacances.

Tu t'amuses pendant que je travaille.

(5) En은 시간, 공간, 상태, 재료 등을 나타낸다.

Je suis né en 1990. J'ai vécu en France.

Je voudrais une bague en or. Nous sommes en forme.

Nous avons terminé ce travail en trois heures.

(6) Dans은 시간과 공간을 나타낸다.(✻ 공간 표현은 10과 참조)

Nous partons dans deux semaines.

Terminez ce travail dans la journée !

001 En, depuis, pour, de... jusqu'à 중에서 알맞은 전치사를 골라 넣으시오.

(1) Il joue du piano _________ 5 ans.

(2) Elle est partie en France _________ voir sa famille.

(3) ________ lundi _________ vendredi nous avons étudié le français.

(4) Il est parti ____________ train.

002 Depuis, pendant, pour 중에서 알맞은 전치사를 골라 넣으시오.

(1) Cathy et Romain se connaissent _________ le jour de l'An.

(2) J'ai réservé une chambre ____________ deux nuits.

(3) Ce médicament se prend ____________ les repas.

(4) Tous les soirs, ils se téléphonent ___________ une heure.

(5) _____________ quand travailles-tu dans cette entreprise ?

003 En, dans 중에서 알맞은 전치사를 골라 넣으시오.

(1) Il compte lire ce livre ________ trois jours.

(2) Le film va commencer __________ cinq minutes.

(3) Il arrivera ____________ dix minutes.

(4) Il a fait sa composition _________ moins de deux heures.

004 Pour, il y a, en, pendant, depuis를 이용하여 문장을 완성하시오.

Je suis arrivée à Rome, __________ un an. J'ai rencontré Mario et je suis tout de suite tombée amoureuse de lui. J'ai donc pris la décision de rester en Italie. Deux semaines après, j'ai déménagé près de chez lui. _________ toute la journée, nous avons rangé mes affaires. Mais ___________ ce déménagement, je ne peux plus me concentrer en classe. _________ très peu de temps, ma vie a donc bien changé ! Mes parents vont venir _____________ les vacances d'été prochain ___________ faire la connaissance de Mario.

Elle a de la chance !

부분관사와 수량 표현

✻ 부분관사(l'article partitif)

du (de l')	de la (de l')
des	

(1) 전체의 일부분이나 한정되지 않은 양을 나타낼 때 사용된다.

Je mange du pain, de la salade et des fruits.

Il boit du vin, elle boit de l'eau.

(2) 셀 수 없는 명사와 추상 명사의 표현에 사용된다.

Il y a du soleil. Il y a du bruit.

Il a du courage ! Elle a de la chance !

Je fais du ski. Tu fais de la natation.

Il fait du sport. Elle fait de la musique.

(3) 부정문에서 직접목적어 부분관사는 'de'로 바뀐다.

Vous prenez du café le soir ?

- Non, je ne prends pas de café le soir.

✻ 수량 표현

un kilo de riz — beaucoup de riz

un demi-kilo de farine — assez de farine

un morceau de sucre — un peu de sucre

J'achète un kilo de riz.

On met un morceau de sucre dans le café.

un verre d'eau — une tasse de thé — une boîte de thon

une bouteille de vin — une tranche de viande — un sachet de sucre

un carnet de tickets de métro — un paquet de café — une pincée de sel

Je bois un verre d'eau.

Vous voulez une tasse de thé ?

001 다음 빈칸에 적합한 부분관사나 수량 표현을 넣으시오.

(1) Je suis invité à dîner ce soir chez Michel. Alors, je vais acheter une __________ de vin et __________ fleurs.

(2) Pour faire des crêpes, il faut __________ farine, __________ œufs, __________ lait, __________ sucre et __________ sel.

(3) Quand vous avez la grippe, prenez une __________ de tisane.

(4) Elle a réussi son concours. Elle a __________ chance.

002 다음은 일기예보입니다. 예문과 같이 그림을 보고 문장을 완성하시오.

Il fait beau, *il y a du soleil*.

(1) Il fait gris, ______________________________

(2) Il faut un parapluie, ______________________________

(3) On va skier, ______________________________

003 빈칸에 알맞은 표현을 넣어 대화문을 완성하시오.

A : Qu'est-ce que vous buvez le matin ?

B : Je bois ____________________

A : Et, à midi, qu'est-ce que vous mangez ?

B : Je mange ______________________________

A : Le soir, vous prenez du café ?

B : Non, ______________________________ , parce je ne peux pas dormir.

004 다음 메뉴판을 보고 예문처럼 대화문을 완성하시오.

Entrée: soupe, salade
Plat: bifteck-frites, poulet rôti
Dessert: mousse au chocolat, sorbet

A : Qu'est-ce que vous avez comme entrée ?
B : Nous avons de la soupe ou de la salade.
A : Qu'est-ce que ______________________________
B : ______________________________
A : Qu'est-ce que ______________________________
B : ______________________________

J'en ai assez.

중성대명사 en

(1) 〈전치사 de +명사('사람' 은 제외)〉를 포함하는 동사표현과 함께 사용된다.

Tu reviens de Paris ?
- Oui, j'en reviens.

Il parle de ce problème ?
- Oui, il en parle.

Tu es content de cette maison ?
- Oui, j'en suis content.

Il parle de David ?
- Oui, il parle de lui.

(2) 〈부분관사 du, de la, des + 명사〉를 대신한다.

Tu veux du pain ?
- Oui, j'en veux. / - Non, je n'en veux pas.

Vous prenez de la bière ?
- Oui, j'en prends. / - Non, je n'en prends pas.

Il a des enfants ?
- Oui, il en a. / - Non, il n'en a pas.

(3) 일정한 수량을 나타내고자 할 때는 그 수량이 동사 뒤에 위치한다.

Vous avez des frères ?
- Oui, j'en ai deux.

Vous avez un stylo ?
- Oui, j'en ai un.

Il y a beaucoup de spectateurs ?
- Oui, il y en a beaucoup.

(4) En을 수반하는 관용적 표현

Je m'en vais.
Je n'en peux plus.
Ne vous en faites pas.
J'en ai assez.
Je lui en veux.

001 대명사 en을 사용하여 대답하시오.

(1) Est-ce que Pierre revient de la piscine

- Oui, ____

(2) Est-ce que vous avez de la monnaie ?

- Non, ____

(3) Est-ce que Marie est contente de son travail ?

- Non, ____

(4) Il y a beaucoup d'étudiants dans la classe ?

- Oui, ____

(5) Combien d'enfants avez-vous ?

- ____

002 예문과 같이 대답하시오.

Vous avez mangé du pain ?
- Oui, nous en avons mangé.
- Non, nous n'en avons pas mangé.

(1) Vous avez acheté du fromage ?

- Non, ____

(2) Tu as envoyé des méls ?

- Oui, ____

(3) Tu te préoccupes de ton avenir ?

- Oui, ____

003 빈칸에 en을 사용하여 대화문을 완성하시오.

A : Il y a assez de pain pour demain matin ?
B : Non, ______________________
A : Et du lait ?
B : Non, ______________________
A : Alors je vais faire des courses.

Ce restaurant est le meilleur du quartier.

비교급과 최상급

✻ 비교급(le comparatif)

(1) 형용사, 부사의 비교

plus aussi moins	+	형용사/부사	+	que

Sophie est plus grande que Jean.

Paul court moins vite que Jean.

Philippe est aussi gentil que Jean.

(2) 명사의 비교

plus autant moins	+	de	+	명사	+	que

La Chine a plus d'habitants que la Corée.

Jacques gagne autant d'argent que Louis.

En avion, on met moins de temps qu'en train.

(3) 특수한 형태의 비교급

bon ⇒ meilleur	bien ⇒ mieux

La bière est bonne, mais le vin est meilleur que la bière.

Philippe chante bien, mais Jean chante mieux que Philippe.

✻ 최상급(le superlatif)

le/la/les	+	plus/moins	+	형용사/부사

La Russie est le plus grand pays du monde.

Cet athlète court le moins vite de tous.

Ce restaurant est le meilleur du quartier.

Marie est ma meilleure amie.

001 보기에서 알맞은 표현을 골라 넣으시오.

plus, aussi, moins, plus de, autant de, moins de, autant

(1) Séoul est __________ grand que Busan. (+)

(2) A Kyungju, il y a ___________ voitures qu'à Daejeon. (-)

(3) Le TGV va ___________ vite que l'avion. (-)

(4) Pierre a ____________ temps que moi. (+)

(5) Jean travaille beaucoup. Mais Jeanne travaille _________ que lui. (=)

(6) Il y a __________ monde aujourd'hui qu'hier. (=)

(7) Luc court _________ vite que moi. (-)

002 보기에서 알맞은 표현을 골라 써 넣으시오.

le, la, les, plus, moins

(1) Pierre est ___________________ grand de sa classe.

(2) Séoul est ___________________ grande ville en Corée.

(3) Le mont Halla est ________________ haute montagne en Corée.

(4) Le baseball est le sport __________________ aimé des Français.

(5) _______________ jeune de ses filles s'appelle Sophie.

003 다음 질문에 답하시오.

(1) Alain : Est-ce que l'Inde est aussi grande que la Chine ?

Boa : Non, ____.

(2) Alain : Est-ce que Nadine parle plus vite que Paul ?

Boa : Non, ____.

(3) Daniel : Est-ce que c'est le modèle le plus vendu de l'année ?

Sylvie : Oui, ____.

(4) Daniel : Est-ce que Léon est le meilleur joueur de son équipe ?

Sylvie : Oui, ____.

On y va.

중성대명사 y

✲ 중성대명사 y

(1) 〈A, dans, sur, en + 명사〉를 대신한다.

Vous allez à Paris ?
- Oui, j'y vais.

Marie est-elle dans le jardin ?
- Non, elle n'y est pas.

Anne est sur les Champs-Elysées ?
- Oui, elle y est depuis midi.

(2) 〈A+사물명사〉를 대신한다.

Pensez-vous à votre pays ?
- Oui, j'y pense toujours.

Réfléchissez à ma proposition.
- D'accord, je vais y réfléchir.

✲ 〈A + 인칭대명사〉의 경우

Je pense à ma mère. ⇒ Je pense à elle. ~~J'y pense~~.

Je pense à mes parents. ⇒ Je pense à eux. ~~J'y pense~~.

※ aller 동사의 미래나 조건법 현재 앞에서는 발음상 y를 사용하지 않는다.

Est-ce que tu iras à la piscine ?
- Oui, j'irai sûrement.

001 예문과 같이 대명사 y를 사용하여 대답하시오.

Est-ce que tu as assisté à cette réunion ? - Non, je n'y ai pas assisté.

(1) Est-ce que vous pensez à votre départ ?
- Non, ______________________

(2) Tu peux participer à ce projet ?
- Oui, ______________________

(3) Est-ce que tu vas répondre à cette question ?
- Oui, ______________________

(4) Est-ce que vous allez au cinéma samedi ?
- Non, ______________________

002 예문과 같이 대명사 y를 사용하여 대답하시오.

Est-ce que tu vas souvent au Musée National ?
- Oui, j'y vais deux fois par mois.

(1) Est-ce que tu es allé à la piscine ?
- Oui, ______________________

(2) Est-ce qu'ils resteront longtemps à Paris ?
- Non, ______________________

(3) Est-ce que vous habitez dans cette rue ?
- Oui, ______________________

(4) Est-ce que vous allez à la montagne en été ?
- Non, ______________________

003 예문과 같이 대명사 y를 사용하여 긍정명령과 부정명령 형태를 만드시오.

Pense à ton rendez-vous ! ⇒ Penses-y ! / N'y pense pas !

(1) Joue au joker ! ⇒
(2) Va à la banque ! ⇒
(3) Allons à cette réunion ! ⇒
(4) Retourne à la poste ! ⇒

On se lève tôt le matin.

대명동사(le verbe pronominal)

✲ 형태

(1) se lever : 긍정형, 부정형, 의문형

	긍정형	부정형	의문형
Je	me lève	ne me lève pas	Est-ce que je me lève ?
Tu	te lèves	ne te lèves pas	Te lèves-tu ?
Il/Elle	se lève	ne se lève pas	Se lève-t-il(elle) ?
Nous	nous levons	ne nous levons pas	Nous levons-nous ?
Vous	vous levez	ne vous levez pas	Vous levez-vous ?
Ils/Elles	se lèvent	ne se lèvent pas	Se lèvent-ils(elles) ?

(2) se lever : 명령형

긍정	부정
Lève-toi !	Ne te lève pas !
Levons-nous !	Ne nous levons pas !
Levez-vous !	Ne vous levez pas !

✲ 용법

(1) 재귀적 용법

Elle s'est réveillée très tôt. Elle s'est lavée.

(2) 상호적 용법

Ils se sont serré les mains.

Elles s'embrassent très fort.

(3) 본질적 용법

On s'en va. Je me souviens de mon enfance.

(4) 수동적 용법

Ces vêtements se vendent bien.

Ce roman se lit facilement.

복합시제에서 조동사는 être를 취한다.

직접목적어가 뒤에 올 경우에 과거분사는 주어와 성 · 수 일치하지 않는다. Elle s'est lavé les mains.

001 주어진 동사를 알맞게 변화시켜 넣으시오.

(1) (se téléphoner) Ils ______________________ tous les jours.

(2) (se servir) Je ______________________ de cette carte.

(3) (se coucher) Elle ______________________ tard hier soir.

(4) (se voir) Ça ______________________ !

002 예문과 같이 의문형으로 바꾸시오.

Tu t'appelles Marie. ⇒ T'appelles-tu Marie ?

(1) Elle s'est cassé une jambe. ⇒ ______________________

(2) Vous vous aimez l'un et l'autre. ⇒ ______________________

(3) Ces vêtements se vendent cher. ⇒ ______________________

(4) Tu te moques de moi. ⇒ ______________________

003 예문과 같이 명령형으로 바꾸시오.

Tu te réveilles tôt. ⇒ Réveille-toi tôt !

(1) Vous vous reposez bien. ⇒ ______________________

(2) Nous nous habillons vite. ⇒ ______________________

(3) Tu t'en vas. ⇒ ______________________

(4) Tu te lèves tout de suite. ⇒ ______________________

004 Se lire, s'acheter, se souvenir를 사용하여 다음 글을 완성하시오.

Louis : Je ________________ un livre la semaine dernière.

Marie : Tu ________________ du titre ?

Louis : Non, je ne m'en souviens plus.

Marie : Il ______________ facilement ?

Louis : Non, mais c'est intéressant.

Je ne peux pas vivre sans toi.

강세형 인칭대명사(le pronom tonique)

Je	moi	Nous	nous
Tu	toi	Vous	vous
Il	lui	Ils	eux
Elle	elle	Elles	elles

(1) 단독으로 사용될 수 있다.

Vous m'avez appelé ? - Moi ? Non.

(2) C'est/ce sont 다음에 사용된다.

Qui est là ? - C'est moi.

C'est vous qui vouliez me voir ? - Non, c'est lui.

(3) 전치사 다음에 사용된다.

Venez avec moi.

Je ne peux pas vivre sans toi.

(4) 비교급 표현의 que 다음에 사용된다.

Il se débrouille mieux que moi.

(5) Aussi나 non plus와 함께 사용된다.

J'ai faim. - Moi aussi.

Elle n'est pas gentille. - Son mari, lui non plus !

(6) 주어를 강조하거나 다른 사람과 대립시키기 위해 주어 앞에 사용할 수 있다.

On va travailler. Et toi ?

- Moi, je vais rester à la maison.

Lui, il fait le ménage et elle, elle regarde la télé.

001 예문과 같이 강세형 인칭대명사를 사용하여 대답하시오.

Vous partez avec vos amis ? - Oui, je pars avec *eux*.

(1) Vous restez chez Jean ? - Oui, ____________________
(2) Paul a dansé avec Juliette ? - Non, ____________________
(3) Vous voulez travailler avec nous ? - Oui, ____________________
(4) Tu pourrais te débrouiller sans moi ? - Non, ____________________

002 예문과 같이 aussi, non plus를 사용하여 대답하시오.

J'ai faim. Et toi ? - Moi aussi.

(1) Je vais au cinéma. Et vous ? - ____________________
(2) Je ne travaille pas cet été. Et Jean ? - ____________________
(3) Mes parents partent en vacances en juillet. Et tes parents ?
- ____________________
(4) Je n'aime pas les plats froids. Et toi ? - ____________________

003 보기에서 알맞은 표현을 고르고, 강세형 인칭대명사를 추가하여 문장을 완성하시오.

s'occuper de, avoir besoin de, se moquer de, penser à

(1) Ne me quitte pas. Je ____________________
(2) Qu'est-ce que vous dites ? Vous ____________________ ?!
(3) C'est une baby-sitter idéale pour mes enfants. Elle ____________________ avec beaucoup d'attention.
(4) Tu me manques. Je ____________________ jour et nuit.

004 빈칸에 알맞은 강세형 인칭대명사를 넣어 대화문을 완성하시오.

Sophie : Excusez-moi.
Max : Qu'est-ce que je peux faire pour __________ , mademoiselle ?
Sophie : Vous ne vous souvenez pas de __________ ? Nous nous sommes rencontrés chez Jean l'été dernier.
Max : Ah, c'est vrai. Jean, il va bien ?
Sophie : Il est parti au Japon. Je n'ai plus de nouvelles de __________ depuis un mois.

Tu me passes le sucre ?

보어대명사(le pronom complément)

✲ 직접목적보어대명사(le complément d'objet direct)

me	nous
te	vous
le / la	les

Tu lis ce roman ?

- Oui, je le lis.

Vous avez rencontré Marie ?

- Oui, je l'ai rencontrée.

✲ 간접목적보어대명사(le complément d'objet indirect)

me	nous
te	vous
lui	leur

Tu as téléphoné à Patrick ?

- Oui, je lui ai téléphoné.

✲ 보어대명사의 순서

	1	2	3	4	5	
주어 +	me te nous vous se	le la les	lui leur	y	en	+ 동사

명령형에서 me, te는 moi, toi로 바뀐다.
Ecoute-moi !
Assieds-toi !

001 예문과 같이 밑줄 친 부분을 보어대명사로 바꾸어 다시 쓰시오.

J'ai acheté ce livre ce week-end. ⇨ Je l'ai acheté ce week-end.

(1) Tu accompagneras ta mère à l'aéroport.

⇨ ______________________________

(2) J'ai acheté ces robes au marché.

⇨ ______________________________

(3) Le médecin a donné les résultats à ses patients.

⇨ ______________________________

(4) Ils ont téléphoné à ta sœur toute la journée.

⇨ ______________________________

002 알맞은 대명사를 빈 칸에 넣으시오.

(1) Donnez-moi de vos nouvelles !

- Promis, nous ________ téléphonerons en arrivant.

(2) Qu'est-ce que tu dis, Marc ?

- Je __________ dis qu'il est l'heure de partir.

(3) Je n'ai rien compris, tu peux m'aider ? - D'accord. Je vais _____ expliquer.

(4) Que voulez-vous, les enfants ?

- Donnez-________ 2 sachets de bonbons, s'il vous plaît.

(5) Maman, j'ai cassé mon stylo ! - Tiens, je ______ donne le mien.

(6) Vous téléphonez à Jean et à Sophie ? - Oui, je _______ téléphone.

003 Le, moi, en, y, les, leur, nous 중에서 알맞은 것을 골라 문장을 완성하시오.

(1) Je te parle très sérieusement; écoute-_________ !

(2) Eric a gagné 10 000 euros au Loto. Il n'_______ revient pas.

(3) Je viens de voir Louis et Hélène; je _______ ai trouvés très fatigués.

(4) Marie et Laurent viennent de s'installer dans un nouvel appartement. Cet appartement _______ plaît beaucoup.

(5) J'ai prêté mes disques à ma sœur et elle ____________ a rendus tout abîmés.

Dépêchez-vous !

명령형(l'impératif)

✻ 형태

Tu	Parle à tes amis !	Écris-moi !
Nous	Parlons français !	Écrivons des cartes de vœux !
Vous	Parlez doucement !	Écrivez au directeur !

(1) 1군 동사에서 2인칭 단수의 경우에는 s를 생략한다.

Tu parles plus fort. ⇒ Parle plus fort !

(2) Aller 동사의 2인칭 단수에서 s를 생략한다.

Tu vas à l'école. ⇒ Va à l'école !

(3) 중성대명사 en이나 y와 함께 쓰였을 때는 발음상 s가 생략되지 않는다.

Vas-y. Manges-en.

✻ 용법

(1) 명령이나 당부, 충고, 바람 등을 나타낸다.

Ouvre la porte ! Finis ton devoir !

Partons vite ! Allons-y !

Faites comme chez vous ! Dépêchez-vous !

(2) 부정 명령문

Ne fume pas ! Ne bougez pas !

(3) 특수한 명령형을 갖는 동사

être	avoir	savoir	vouloir
Sois sage.	Aie de la patience.	Sache la vérité.	
Soyons à l'heure.	Ayons du courage.	Sachons dire non.	Veuillez patienter.
Soyez heureux.	Ayez confiance.	Sachez accepter.	

(4) 대명사와 함께 사용될 경우

Écoute-moi ! Ne m'écoute pas ! Téléphone-moi ! Ne me téléphone pas !

Écoutez-le ! Ne l'écoutez pas ! Téléphonez-lui Ne lui téléphonez pas !

001 다음 동사들을 예문과 같이 명령형으로 변형시키시오.

se lever :	*Lève-toi !*	*Levez- vous !*

(1) s'asseoir :

(2) se laver les mains :

(3) se dépêcher :

(4) ne pas se décourager :

002 예문과 같이 명령형의 문장을 만드시오.

Je suis fatigué. (se reposer) ⇨ *Reposez-vous !*

(1) J'ai beaucoup de soucis. (ne pas s'inquiéter) ⇨ ______________

(2) Nous sommes découragés. (avoir du courage) ⇨ ______________

(3) J'ai raté mon examen. (repasser l'examen) ⇨ ______________

(4) Nous sommes pessimistes. (être positif) ⇨ ______________

003 주어진 표현을 명령형으로 바꾸시오.

Ce sont des conseils pour être en forme.

Boire de l'alcool	Ne buvez pas d'alcool.
Manger de la viande	______________
Fumer	______________
Prendre du poids	______________
Être négatif	______________
Avoir peur	______________

004 주어진 동사를 명령형으로 바꾸어 대화문을 완성하시오.

La mère : Claude, il est déjà huit heures moins dix. ______________ (se lever)

Claude : Maman, je n'ai pas envie d'aller à l'école.

La mère : Quoi ! ______________ (se dépêcher) et ______________ (aller) vite à l'école.

Il vient de partir. Je vais partir, moi aussi.

근접 미래와 근접 과거

✽ 근접미래(le futur proche)

가까운 미래에 일어날 사건 또는 변화를 표현한다.

aller + 동사 원형

Attention ! Tu vas glisser.

Regarde le ciel. Il va pleuvoir.

Elle va partir ce soir.

Je vais t'appeler dans dix minutes.

※ aller + (pour) + 동사 원형 (~하러 가다)

Où vas-tu ?

- Je vais manger.

Où allez-vous ?

- Je vais voir ma copine.

✽ 근접과거(le passé récent)

방금 일어난 사건을 표현한다.

venir de + 동사원형

Je viens de terminer mon devoir.

Il vient de sortir.

Elle vient d'arriver.

001 예문과 같이 근접미래로 변화시키시오.

Ils ont sommeil : ils *vont dormir.*

(1) Tu as faim : tu ________________

(2) Elle a soif : elle ________________

(3) Vous entrez dans un magasin : vous ______________

(4) Ils sont à l'aéroport : ils ___________________

(5) Le soleil se couche : la nuit ______________

002 예문과 같이 근접과거로 변화시키시오.

Il a téléphoné ? - Oui, il *vient de* téléphoner.

(1) Elle est arrivée au travail ? Oui, elle ________________

(2) Tu as acheté une voiture ? Oui, je__________________

(3) Le train est parti ? Oui, il ________________

(4) Le film a déjà commencé ? Oui, il _________________

(5) Vous êtes rentré depuis longtemps ? Non, je ________________

003 근접과거와 근접미래를 사용하여 문장을 완성하시오.

(1) Jean a mal à la tête, il (prendre)__________ un cachet d'aspirine. Il (aller)__________ mieux.

(2) Sophie (finir)__________ ses devoirs. Elle (écouter)__________ la radio.

(3) Je (faire)__________ la vaissselle. Je (ranger)__________ la chambre.

(4) Lui et moi, nous (arriver)__________ à Séoul. Nous (rester) __________ là un mois.

Quels sont vos projets ?

의문형용사와 의문대명사

✻ 의문형용사(l'adjectif interrogatif)

quel	quels
quelle	quelles

(1) 명사 앞에 놓이거나 또는 속사로 사용되어 의문문을 만든다.

Quel chanteur aimez-vous ? Quelle émission préférez-vous ?

Quels sont vos projets ? Quelles sont vos professions ?

(2) 감탄문에 쓰인다.

Quel beau temps ! Quelle chaleur !

✻ 의문대명사(le pronom interrogatif)

	사람	사물
주어	Qui Qui est-ce qui	Que Qu'est-ce qui
직접목적어	Qui Qui est-ce que	Que Qu'est-ce que
전치사가 앞에 놓일 때	전치사 + qui	전치사 + quoi

(1) Qui

Qui est arrivé le premier ? Qui cherchez-vous ?

A qui téléphones-tu ?

(2) Que

Qu'est-ce qui se passe ? Qu'est-ce que vous regardez ?

A quoi ça sert ?

✻ 의문대명사 복합형 : lequel, laquelle, lesquels, lesquelles

Lequel de ces gâteaux choisissez-vous ?

Il y a deux voitures ici. Laquelle est à vous ?

J'ai besoin de quelques livres. - Lesquels ?

Je vais choisir quelques fleurs. - Lesquelles ?

001 Quel, quelle, quels, quelles 중에서 알맞은 표현을 골라 넣으시오.

(1) __________ temps fait-il aujourd'hui ?

(2) De __________ couleur est le mur ?

(3) __________ chansons chante-t-elle ?

(4) __________ est votre adresse ?

(5) A __________ étage habitez-vous ?

(6) __________ est votre numéro de téléphone ?

002 보기에서 알맞은 표현을 골라 넣으시오.

qui, que, qu'est-ce qui, qui est-ce que, lequel, laquelle

(1) __________ veut parler de l'histoire de France ?

(2) __________ vous cherchez ?

(3) __________ regardes-tu ?

(4) __________ des trois filles est ta cousine ?

(5) __________ de ces crayons est à vous ?

(6) A __________ écris-tu ?

003 대답을 보고 질문을 만드시오.

(1) Eric : ____________________ ? Luc : Je cherche la clé de la voiture.

(2) Eric : ____________________ ? Luc : Mireille veut sortir de la salle.

(3) Eric : ____________________ ? Luc : Il téléphone à Sophie.

(4) Jean : ____________________ ? Luc et Paul : Nous écoutons notre professeur.

004 빈칸에 알맞은 표현을 넣어 대화문을 완성하시오.

Prof. : Quel sport pratiquez-vous ?

Elève 1 : Je ____________________ le baseball.

Prof. : Et lequel d'entre vous connaît le taekwondo ?

Elève 2 : C'est ____________________.

Prof. : Alors, pouvez-vous me dire qui est le champion de ce sport ?

Elève 3 : ____________________.

Comme il fait beau !

감탄문(l'exclamatif)

✲ Quel(s), Quelle(s)

Quel beau temps !

Quelle horreur !

Quels charmants enfants vous avez !

✲ Que

Qu'il fait beau !

Qu'elle est gentille !

Que de monde !

✲ Comme

Comme je suis content !

Comme il fait beau !

Comme c'est cher !

✲ Tellement, tant, si, un(e) tel(le), de tel(le)s

J'adore cet acteur. Il joue si bien !

Allez la voir ! Ça lui fera tellement plaisir !

On ne s'entendait plus. Il y avait un tel bruit !

Il fait rire tout le monde. Il a tant d'humour !

✲ 감탄사 : Ah, Oh, Hélas, Zut, Mon Dieu, Bravo, Quoi, Tant pis, Oh là là !

Mon Dieu ! Que j'ai eu peur !

Bravo ! Vous avez gagné !

Tant pis ! Il ne peut pas venir.

001 예문과 같이 que, comme를 사용하여 감탄문을 만드시오.

Il fait très chaud, ce soir. ⇨ Qu'il fait chaud, ce soir !
⇨ Comme il fait chaud, ce soir !

(1) Elle est très belle, cette fille. ⇨ Comme ______________

(2) Ils sont très sympathiques, tes amis. ⇨ Que ______________

(3) Elle est très bruyante, cette machine. ⇨ Comme ______________

(4) C'est très difficile de parler français. ⇨ Que ______________

002 예문과 같이 quel, quelle, quels, quelles 중에서 알맞은 것을 골라 감탄문을 만드시오.

Il porte 150 kilos. (homme) ⇨ Quel homme !

(1) Nos amis viennent de partir. (dommage) ⇨ ______________

(2) Il fait très beau. (chance) ⇨ ______________

(3) On va au cinéma ce soir. (bonne idée) ⇨ ______________

(4) Cette robe est moche. (horreur) ⇨ ______________

003 빈칸에 알맞은 단어를 넣어 문장을 완성하시오.

(1) A : Mon ami m'a offert un cadeau.
B : ______________ il est gentil !

(2) A : J'ai gagné au loto.
B : ______________ bonne chance !

(3) A : Nicole a un bébé.
B : ______________ surprise !

Il lui demande si elle l'aime.

간접화법(le discours indirect) : 현재 시제

직접화법		⇒	간접화법
평서문		⇒	que
명령문		⇒	de + inf
의문문	의문사가 없는 의문문	⇒	si
	Qui est-ce qui	⇒	qui
	Qui est-ce que		
	Qui		
	Qu'est-ce qui	⇒	ce qui
	Qu'est-ce que	⇒	ce que
	그밖의 의문형용사, 의문대명사, 의문부사	⇒	그대로

(1) 전달동사 : croire, déclarer, demander, dire, penser …

(2) 화법이 바뀌면 주어, 보어, 소유형용사와 소유대명사의 인칭도 알맞게 바뀌어야 한다.

Elle me dit : "Je suis malade." ⇒ Elle me dit qu'elle est malade.

Je te dis : "Rentre vite !" ⇒ Je te dis de rentrer vite.

Il lui demande : "Es-tu content ?" ⇒ Il lui demande s'il est content.

Tu me demandes : "Qui est venu ?" ⇒ Tu me demandes qui est venu.

Il te demande : "Qu'est-ce qui s'est passé ?" ⇒ Il te demande ce qui s'est passé.

Ils me demandent : "Qu'est-ce que vous voulez ?" ⇒ Ils me demandent ce que je veux.

Je lui demande : "Comment vas-tu ?" ⇒ Je lui demande comment il va.

Il me demande : "Où habites-tu ?" ⇒ Il me demande où j'habite.

001 예문과 같이 직접화법으로 바꾸시오.

Il me dit de partir. ⇒ *Il me dit : "Partez !"*

(1) Elle lui dit qu'elle arrive tout de suite. ⇒ ____________________

(2) Tu me demandes si je suis prêt. ⇒ ____________________

(3) Je lui demande ce qu'elle achète. ⇒ ____________________

002 다음 문장을 간접화법으로 바꾸시오.

Il me demande : "Qui est-ce qui est sorti ?"
⇒ *Il me demande qui est sorti.*

(1) Je lui demande : "Où habites-tu ?"

⇒ ____

(2) Elle me demande : "Combien côute cette robe ?"

⇒ ____

(3) Vous nous demandez : "Qu'est-ce qui est difficile ?"

⇒ ____

003 다음 문장을 직접화법은 간접화법으로, 간접화법은 직접화법으로 바꾸시오.

(1) Il me dit : "J'irai chez mes parents." ⇒ ____________________

(2) Vous lui dites : "Je t'aiderai." ⇒ ____________________

(3) Il lui demande si elle se lave. ⇒ ____________________

(4) Elle me demande ce que j'aime. ⇒ ____________________

004 다음 대화문을 완성하시오.

Jean : Il me dit : "Je suis très occupé."
Marc : C'est vrai ? Il te dit ____________________ ?
Jean : Oui. Il me demande : "Aide-moi, s'il te plaît !"
Marc : Il te demande ____________________ ?
Jean : Mais oui.

En faisant plus d'efforts, tu pourras réussir.

현재분사와 제롱디프

✲ 현재분사(le participe présent)

동사 어간 + ant

(1) 동사의 1인칭 복수 직설법 현재형의 어간에 ant를 첨가하여 만든다.

Nous marchons ⇒ marchant

Nous mangeons ⇒ mangeant

특수한 현재분사형

être → étant
avoir → ayant
savoir → sachant

(2) 명사를 수식할 수 있으며 qui 관계절로 대체할 수 있다.

Les personnes ayant une carte d'invitation peuvent entrer dans la salle.

= Les personnes qui ont une carte d'invitation peuvent entrer dans la salle.

✲ 제롱디프(le gérondif)

en + 현재분사

(1) 동시적 행위를 나타낸다.

Ils parlent en marchant.

(2) 원인을 나타낸다.

En travaillant trop, il est tombé malade.

(3) 조건을 나타낸다.

En faisant plus d'efforts, tu pourras réussir.

(4) 수단이나 방법을 나타낸다.

Il descend l'escalier en courant.

(5) Tout와 함께 사용하여 강조나 대립을 나타낸다.

Tout en se disputant souvent, ils sont toujours ensemble.

001 예문과 같이 현재분사를 사용하여 문장을 다시 쓰시오.

Je vois mes amis qui dansent et chantent.
⇒ Je vois mes amis *dansant et chantant*.

(1) Tous les étudiants qui participent à la fête sont invités au dîner.
⇒ ______________________________

(2) Tous les citoyens qui ont plus de 20 ans ont le droit de vote.
⇒ ______________________________

(3) J'ai vu un groupe de jeunes qui se précipitaient à l'entrée.
⇒ ______________________________

002 예문과 같이 제롱디프를 사용하여 문장을 다시 쓰시오.

Il travaille et il écoute de la musique en même temps.
⇒ Il travaille *en écoutant de la musique*.

(1) Je prends le petit déjeuner et je lis le journal en même temps.
⇒ ______________________________

(2) Ma mère regarde la télé et tricote en même temps.
⇒ ______________________________

(3) Si vous travaillez fort, vous allez réussir.
⇒ ______________________________

(4) Il est riche mais il n'est pas heureux.
⇒ ______________________________

003 Dormir, chanter, écouter 중에서 알맞은 동사를 골라 제롱디프형으로 넣으시오.

Marie : Tu aimes chanter ?
Anne : J'aime plutôt travailler ________________ Et toi ?
Marie : Moi, je préfère m'endormir ________________ de la musique.
Anne : La musique ne t'empêche pas de dormir ?
Marie : Pas du tout, sans la musique, je ne peux pas m'endormir.
Mon mari ronfle tellement fort ________________.

Je n'ai aucune idée.

부정의 표현

(1) **ne ... rien**

Je n'ai rien à dire.

Elle n'a peur de rien.

(2) **ne ... personne**

Je ne connais personne dans cette salle.

Personne n'est parfait.

(3) **ne ... ni ... ni**

Il n'a ni parents ni amis.

Je ne suis ni riche ni pauvre.

(4) **ne ... aucun**

Aucun étudiant n'est venu.

Je n'ai aucune idée.

(5) **ne ... point**

Je ne te hais point.

Vos histoires ne m'intéressent point.

※ **ne ... que**

Je n'aime que toi.

Il n'y a que toi pour dire des choses pareilles !

✻ 동사원형이 부정형으로 사용될 때

(1) **ne pas + infinitif**

C'est triste de ne pas revoir ses amis.

(2) **ne pas + infinitif passé**

Je suis triste de ne pas avoir vu mon film préféré.

(3) **ne + infinitif + (personne, rien, aucun, nulle part)**

Je vais essayer de ne faire aucun bruit.

001 Ne ... aucun, ne ... rien, ne ... ni ... ni, ne ... personne 중에서 알맞은 것을 골라 대답하시오.

(1) Qu'est-ce que tu fais ?
⇒ ______________________________

(2) Vous invitez quelqu'un ?
⇒ ______________________________

(3) Est-ce qu'il a beaucoup d'amis ?
⇒ ______________________________

(4) Vous voulez manger et boire ?
⇒ ______________________________

002 다음 문장들을 부정문으로 만드시오.

(1) Paul aime le rap et le rock. (ne...ni...ni)
⇒ ______________________________

(2) Il a reçu une invitation. (ne...aucun)
⇒ ______________________________

(3) Cathy choisit les cours faciles. (ne...que)
⇒ ______________________________

003 Ni ... ni, pas, personne, que, rien을 이용하여 문장을 완성하시오.

(1) Je ne vais ______ au cinéma, parce que je n'ai _______ d'argent.
(2) Mon frère n'aime _____ les carottes ______ les petits-pois.
(3) Vous avez acheté des vêtements en ville ? - Nous n'avons ______ acheté.
(4) Qui est dans la salle de bains ? - Il n'y a _______ dans la salle de bains.
(5) Tu as des bonbons ? - Oui, mais il ne m'en reste ________ deux.

004 빈칸에 알맞은 표현을 넣어 다음 대화문을 완성하시오.

(1) Tu veux quelque chose, chéri ?
- Non, je ne veux ______________ !

(2) Tu as trouvé un livre intéressant ?
- Non, je n'ai trouvé _______________ roman d'intéressant.

(3) Mon Dieu ! Quelqu'un a lu mon journal intime !
- Calme-toi. ____________ ne s'intéresse à ton journal.

Nous avons visité le musée du Louvre.

복합과거(1)(le passé composé)

✲ 형태

avoir 동사의 현재형 + 과거분사

J'ai regardé la télévision.

Tu as choisi ta place ?

Il a écrit à ses parents.

✲ 용법

(1) 과거에 완료된 행위를 나타낸다.

Nous avons visité le musée du Louvre.

(2) 한정된 기간에 이루어진 행위를 나타낸다.

Ils ont fait du ski de neuf heures à dix-huit heures.

✲ 과거분사

(1) 1군 동사의 과거분사 :-er ⇒ -é

regarder ⇒ *regardé*

(2) 2군 동사의 과거분사 :-ir ⇒ -i

choisir ⇒ *choisi*

(3) 불규칙동사의 과거분사

boire ⇒ *bu*

prendre ⇒ *pris*

faire ⇒ *fait*

avoir ⇒ *eu*

vouloir ⇒ *voulu*

recevoir ⇒ *reçu*

écrire ⇒ *écrit*

ouvrir ⇒ *ouvert*

être ⇒ *été*

pouvoir ⇒ *pu*

entendre ⇒ *entendu*

001 다음 문장을 복합과거로 바꾸시오.

(1) Nous devons rentrer à pied. ⇨ ____________________

(2) Elle prend un parapluie. ⇨ ____________________

(3) Je finis mon devoir et je fais du sport. ⇨ ____________________

(4) Il lit le journal et il téléphone à son ami. ⇨ ____________________

002 예문과 같이 알맞은 표현을 넣으시오.

Aujourd'hui j'écris à mes parents, mais hier, *j'ai écrit* à mes amis.

(1) Je bois un café après le dîner, mais ce matin, __________ trois cafés.

(2) En général, je lis un roman par mois, mais le mois dernier, ________________ quatre romans.

(3) D'habitude je n'attends pas longtemps le bus, mais ce matin, ________________ une demi-heure.

003 Aimer beaucoup, passer, prendre, réserver, visiter, voir 중에서 알맞은 동사를 골라 복합과거형으로 넣으시오.

Monsieur et Madame Kim racontent leurs vacances :
L'été dernier, nous ________ nos vacances à Paris pendant deux semaines. Avant d'arriver à Paris, nous ________ deux chambres d'hôtel. Le matin, nous ________ le petit déjeuner à sept heures et demie. Dans la journée nous ________ des monuments historiques. Le soir nous ________ un film à la télé. Nous ________ Paris.

004 3번의 텍스트를 읽고 질문에 답하시오.

(1) Combien de chambres d'hôtel M. et Mme Kim ont-ils réservées ?

⇨ ____

(2) A quelle heure ont-ils pris le petit déjeuner ?

⇨ ____

(3) Qu'est-ce qu'ils ont visité à Paris ?

⇨ ____

Nous sommes allés au cinéma.

복합과거(2)

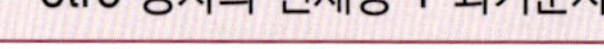

être 동사의 현재형 + 과거분사

타동사로 사용될 경우는 avoir를 조동사로 갖는다.
Elle est sortie du café.
Elle a sorti une lettre de la boîte.

(1) 복합과거에서 조동사 être를 취하는 동사

① 왕래발착동사

aller/venir, sortir/entrer, partir/arriver,
monter/descendre/tomber, passer/retourner/rester...

② 대명동사

se coucher, se réveiller, se lever, se laver...

③ naître/mourir : 과거분사 형태 né/mort

(2) 과거분사 형태

allé/venu, sorti/entré, parti/arrivé,
monté/descendu/tombé, passé/retourné/resté...

(3) 과거분사는 주어의 성 · 수에 일치한다.

Elle est partie pour Paris.
Marie et Pierre sont allés au restaurant.
Elles se sont levées tard.

※ 비교

- Ils se sont lavés.
- Ils se sont lavé les mains.

001 예문과 같이 복합과거로 만드시오.

Un avion *arrive* à Roissy. ⇒ Un avion *est arrivé* à Roissy.

(1) Il descend de l'avion. ⇒ ______________________

(2) Elle entre dans sa chambre. ⇒ ______________________

(3) Je viens de Dijon. ⇒ ______________________

(4) Tu pars à la campagne. ⇒ ______________________

(5) Nous nous promenons dans la rue. ⇒ ______________________

(6) Ils passent devant la gare. ⇒ ______________________

(7) Vous vous levez tard. ⇒ ______________________

(8) Elle tombe dans l'escalier. ⇒ ______________________

(9) Nous allons à la montagne. ⇒ ______________________

(10) Vous retournez dans votre pays. ⇒ ______________________

002 주어진 동사를 복합과거로 변화시켜 문장을 완성하시오.

(1) (passer) Nous ____________ l'examen de français.

(2) (naître) Je ____________ en Corée.

(3) (se coucher) Nous __________ à 11 heures.

(4) (mourir) Les oiseaux _________________ de froid.

(5) (descendre) Elle ____________ l'escalier.

(6) (monter) Ils ____________ des valises dans leurs chambres.

(7) (laisser) Elle ____________ tomber son sac.

(8) (monter) Mes amis ____________ dans un taxi.

(9) (rester) Tu ____________ à l'hôtel.

(10) (se serrer) Ils ____________ la main.

003 주어진 동사를 알맞게 변화시켜 대화문을 완성하시오.

A : Quand je __________ (arriver) au bureau, Lucie n'était pas là.

B : Ah bon ! Pourtant nous _______ (se voir) juste avant...

A : Ah, mais oui ! Elle devait voir le patron.

B : Alors, vous _________________ (se croiser).

Ils se sont aimés l'un et l'autre.

대명동사의 복합시제

(1) 조동사 être와 함께 변화하며 과거분사는 주어의 성 · 수에 일치한다.

Elle s'est réveillée tôt ce matin.
Elle s'en est allée.
Ils se sont souvenus de cette soirée.
Ils se sont aimés l'un et l'autre.
Elles se sont rencontrées devant le cinéma.
Les vêtements se sont bien vendus.
Cela ne s'est jamais vu.

(2) 뒤에 직접목적어가 올 경우 과거분사는 주어의 성 · 수와 일치하지 않는다.

Elle s'est coupé les ongles.
Ils se sont lavé les pieds.

(3) 상호대명사에서 se가 간접목적어일 경우는 과거분사가 주어의 성 · 수와 일치하지 않는다.

Elles se sont téléphoné.
Nous nous sommes souvent écrit.

001 예문과 같이 복합과거로 바꾸시오.

Il se lève tôt. ⇒ Il s'est levé tôt.

(1) Les enfants se lèvent à 8 heures. ⇒ ______________

(2) Elle se couche tard. ⇒ ______________

(3) Elles se servent de ce dictionnaire. ⇒ ______________

(4) Jean et Pierre se battent. ⇒ ______________

002 주어진 문장을 복합과거로 바꾸시오.

(1) Ils se lavent les mains.

⇒ ______________________________.

(2) Elles s'écrivent l'une à l'autre.

⇒ ______________________________.

(3) Ils se téléphonent tous les jours.

⇒ ______________________________.

(4) Elle se rappelle mon numéro de téléphone.

⇒ ______________________________.

003 주어진 동사를 알맞은 시제로 넣으시오.

(1) (se souvenir) Est-ce que tu ____________ de ton enfance ?

(2) (se casser) Les vitres ______________ hier soir.

(3) Heureusement on a trouvé des places.
(se placer) Nous ____________ devant.

(4) (se rencontrer) Ils ____________ l'année dernière.

(5) (se téléphoner) Pierre et Marie ____________ demain.

004 S'endormir, se préparer, se casser 중에서 알맞은 것을 골라 글을 완성하시오.

Quelque chose ____________ dans mon moteur. Et comme je n'avais ni mécanicien ni passager, je ______________ à réussir tout seul une réparation difficile. C'était pour moi une question de vie ou de mort. Je ____________ sur le sable.

La femme dont je parle porte une robe bleue.

관계대명사(le pronom relatif)

✻ Qui

두 문장을 하나로 연결할 때, 관계절의 주어를 대신한다.

Je regarde une femme. Cette femme est belle.

⇒ Je regarde une femme qui est belle.

✻ Que

두 문장을 하나로 연결할 때, 관계절의 목적어를 대신한다.

Je regarde la femme. J'aime cette femme.

⇒ Je regarde la femme que j'aime.

✻ Où

장소나 시간 보어를 대신한다.

La maison est agréable. J'habite dans cette maison.

⇒ La maison où j'habite est agréable.

Nous étions heureux ces jours-là. Ces jours-là, nous étions amis.

⇒ Nous étions heureux les jours où nous étions amis.

✻ Dont

〈de + 명사〉를 대신한다.

La femme est charmante. Je rêve de cette femme.

⇒ La femme dont je rêve est charmante.

001 예문과 같이 qui 혹은 que를 사용하여 두 문장을 하나로 연결하시오.

Ne buvez pas ce vin. Il n'est pas bon.
⇒ Ne buvez pas ce vin *qui* n'est pas bon.

(1) Nous lisons des poèmes. Ils sont très beaux.
⇒ ______________________________

(2) J'écris une lettre. Je la mettrai à la poste demain.
⇒ ______________________________

(3) Tu manges des pommes. Je les ai achetées hier.
⇒ ______________________________

002 Où, dont 중에 알맞은 것을 넣으시오.

(1) Voilà le dictionnaire ________ j'ai besoin.
(2) Il est arrivé un jour ________ j'avais mal aux dents.
(3) Je ne suis jamais retourné dans le village ________ je suis né.

003 다음의 두 문장을 주어진 주어로 시작하여 하나의 문장으로 만드시오.

(1) Une femme passe. Elle est blonde.
⇒ La femme ______________________________

(2) Le bus arrive. Il est plein.
⇒ Le bus ______________________________

(3) J'attends un médecin. Il est en retard.
⇒ Le médecin ______________________________

(4) Elle mange une tarte. Elle est délicieuse.
⇒ La tarte ______________________________

004 알맞은 관계사를 넣어 다음 글을 완성하시오.

Claire est une belle fille __________ vient d'avoir vingt ans et elle a déjà écrit un roman __________ le titre est *La passion*.
Tout le monde connaît la maison __________ elle habite. C'est une fille __________ j'admire beaucoup.

Tu connais la sœur de Luc, lequel est malade.

관계대명사 : 복합형

✻ 형태

기능 \ 성 · 수	남성단수	여성단수	남성복수	여성복수
주어, 속사, 직접보어	lequel	laquelle	lesquels	lesquelles
간접보어 상황보어	전치사 + 변화하는 관계대명사			
	auquel	à laquelle	auxquels	auxquelles
	duquel	de laquelle	desquels	desquelles

✻ 용법

(1) 주어나 보어로 쓰이는 qui, que, 전치사 + qui, 전치사 + quoi 대신에 애매함을 피하기 위하여 사용된다.

Tu connais la sœur de Luc qui est malade.

(= Sa sœur/Luc est malade.)

Tu connais la sœur de Luc, laquelle est malade.

(= Sa sœur est malade.)

Tu connais la sœur de Luc, lequel est malade.

(= Luc est malade.)

(2) 전치사를 포함한 관계대명사

· 사람선행사 + 전치사 + (qui / 변화하는 관계대명사)

J'aime mes parents (à qui / auxquels) je pense souvent.

C'est une chanteuse russe (à côté de qui / de laquelle) il est assis.

· 사물선행사 + 전치사 + 변화하는 관계대명사

Elle a un sac dans lequel il y a un portable.

J'aime ce jardin au milieu duquel il y a une belle fontaine.

001 Lequel, laquelle, lesquels, lesquelles을 사용하여 문장을 완성하시오.

(1) Elle connaît les amis de Paul __________ sont gentils.

(2) J'ai rencontré le frère de Sophie ____________ est très grande.

(3) Paul veut inviter le professeur de Marie ___________ est amusant.

(4) Vous admirez la maison de vos cousines ________ habitent à Paris.

002 두 문장을 관계대명사를 사용하여 한 문장으로 만드시오.

(1) Il va inviter Sophie. Il pense souvent à Sophie.

⇨ ____

(2) Tu m'as donné un livre. Ton nom était écrit sur le livre.

⇨ ____

(3) J'ai acheté un sac. Il y a des clés dans le sac.

⇨ ____

(4) Vous envoyez des lettres à vos enfants. Vous aimez vos enfants.

⇨ ____

003 다음 문장을 두 문장으로 만드시오.

(1) Elle invite les collègues de son mari qui est très malade.

⇨ ____

(2) Nous parlons aux enfants de notre fille qui est à l'étranger.

⇨ ____

004 관계대명사 sur lesquels, dans lequel를 사용하여 다음 대화문을 완성하시오.

Monique : Voici trois pantalons. *Lequel* aimes-tu le plus ?

Gérard : J'aime le noir. Tu as mon sac ____________ j'ai mis mes dossiers ?

Monique : Non. Tes dossiers ____________ tu as signé ?

Gérard : Oui. Je les ai laissés dans ma chambre.

Jean est aimé de tous.

수동형(le passif)

être + 과거분사 + par

Catherine prépare le dîner. (능동형)

⇒ Le dîner est préparé par Catherine. (수동형)

(1) 시제는 être 동사에 의해 표현된다.

복합과거 : Le dîner a été préparé par Catherine.

근접미래 : Le dîner va être préparé par Catherine.

단순미래 : Le dîner sera préparé par Catherine.

대과거: Le dîner avait été préparé par Catherine.

조건법 현재 : Le dîner serait préparé par Catherine.

(2) 과거분사는 주어의 성 · 수와 일치한다.

Cette maison a été construite par un architecte célèbre.

Le salon et la chambre ont été refaits par le nouveau propriétaire.

(3) 행위주는 나타나지 않을 수 있다.

La cuisine a été rénovée. (On a rénové la cuisine.)

Vous serez bientôt servis. (On vous servira bientôt.)

Cet auteur est bien connu en Corée. (On connaît bien cet auteur en Corée.)

(4) Par 대신에 de가 사용될 수 있다.

Jean est aimé de tous.

Le patron est respecté de ses employés.

La montagne est couverte de neige.

Le repas a été accompagné d'un vin merveilleux.

001 예문과 같이 수동형 문장으로 바꾸시오.

Le Corbusier a construit cette chapelle.
⇒ Cette chapelle a été construite par le Corbusier.

(1) Pierre Martin a mis en scène Le Tartuffe.
⇒ ____________________

(2) Marie a décoré l'intérieur de la salle.
⇒ ____________________

(3) Les cambrioleurs ont cassé la porte.
⇒ ____________________

(4) Céline Dion a chanté de nombreuses chansons.
⇒ ____________________

002 보기에서 알맞은 동사를 골라 수동형으로 문장을 완성하시오.

inviter, reporter, apprécier, opérer

(1) Le directeur est tombé malade. Il ____________________(근접미래)
(2) On va organiser une fête. Plusieurs amis ____________________(미래시제)
(3) J'ai préparé une paella pour mes invités. La cuisine ____________(과거시제)
(4) J'ai accordé une interview. Le rendez-vous ________________(현재시제)

003 다음 글을 수동형으로 바꾸어 다시 쓰시오.

Je suis rentré de mon voyage. Quel désordre !
Les cambrioleurs ont enfoncé la porte. Ils ont renversé le lit.
Ils ont cassé le miroir. Ils ont brisé l'armoire.
Ils ont volé un coffret à bijoux.

Je suis rentré de mon voyage. Quel désordre !
____
____
____

Vouloir, c'est pouvoir.

부정법(l'infinitif)

(1) 주어로 사용될 수 있다.

Trop manger n'est pas bon pour la santé.

Marcher est recommandé aux personnes âgées.

(2) 목적보어로 사용될 수 있다.

Je veux sortir.

J'aime chanter.

Je déclare avoir dit la vérité.

(3) 속사로 사용될 수 있다.

Vouloir c'est pouvoir.

Ne pas dire la vérité, cela s'appelle mentir.

(4) 명사를 수식할 수 있다.

J'ai plusieurs lettres à écrire.

J'ai beaucoup de choses à faire.

(5) 상황보어로 사용될 수 있다.

Il faut manger pour vivre.

Il est sorti pour faire des achats.

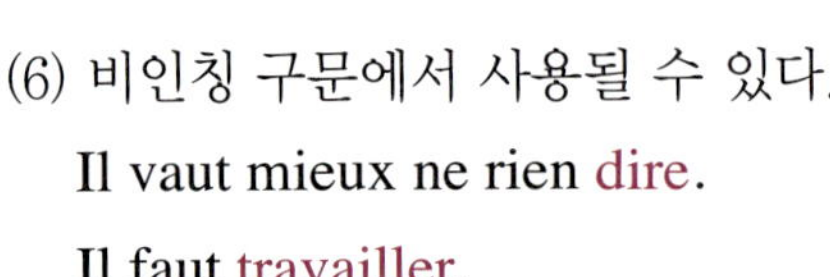

(6) 비인칭 구문에서 사용될 수 있다.

Il vaut mieux ne rien dire.

Il faut travailler.

001 괄호 안의 동사 표현 중에서 알맞은 것을 고르시오.

(1) Pendant les soirées d'hiver, on hésite à (sortir, sorti, sortant) car il fait très froid dehors.

(2) Elle évite toujours de (discuter, discute, discutant) avec cet homme.

(3) J'ai été obligée de (quitter, quitte, quittant) ce pays tout de suite.

(4) La pauvre cigale jure de (travailler, travaille, travaillant) davantage l'été prochain.

002 예문과 같이 문장을 고쳐쓰시오.

(vouloir) Je regarde le match de foot à la télé.
⇨ Je veux regarder le match de foot à la télé.

(1) (devoir) Elle fait des courses.

⇨ ______________________________

(2) (pouvoir) Ils sont partis en voyage l'été dernier.

⇨ ______________________________

(3) (vouloir) Nous avons acheté une nouvelle voiture.

⇨ ______________________________

(4) (décider de) Mes parents ont pris le train pour aller à Busan.

⇨ ______________________________

(5) (essayer de) J'ai appris l'italien il y a dix ans.

⇨ ______________________________

(6) (apprendre à) Mes cousins ont parlé trois langues étrangères.

⇨ ______________________________

003 Faire, travailler, visiter 중에서 알맞은 것을 골라 대회문을 완성하시오.

Gille : Qu'est-ce que tu fais pendant les vacances d'été ?
Marie : J'espère __________ l'Inde. Et toi ?
Gille : Moi ? Je ne peux pas partir cet été, car j'ai beaucoup de choses à _______. Je dois ________ plus que mes collègues.

Avant, je partais en vacances à la mer.

반과거(l'imparfait)

✲ 형태

1인칭 복수(nous) 어간 + 반과거형 어미

	1군 동사	2군 동사
Je	bavardais	rougissais
Tu	bavardais	rougissais
Il/Elle	bavardait	rougissait
Nous	bavardions	rougissions
Vous	bavardiez	rougissiez
Ils/Elles	bavardaient	rougissaient

특수형

être : nous sommes ⇒ j'étais

✲ 용법

(1) 과거에 진행된 행위나 상태를 나타낸다.

Maintenant, je travaille. Je gagne bien ma vie.

Mais avant, je ne travaillais pas. Je ne gagnais pas ma vie.

(2) 과거에 반복된 행위나 습관을 나타낸다.

Avant, je partais en vacances à la mer.

Je faisais du piano quand j'étais jeune.

001 Avoir, être, rentrer, remuer, attendre 중에서 알맞은 것을 골라 반과거 시제로 변화시켜 글을 완성하시오.

Quand j' étais petit, j'avais un chat.
C' ______________ un chat tigré et il ____________ les yeux tout noirs.
L'après-midi, quand je _________________ de l'école, il _____________
et ___________ la queue.

002 예문과 같이 문장을 완성하시오.

Maintenant, je marche très peu, *mais avant, je marchais beaucoup.*

(1) Maintenant, je mange très peu, _______________________________

(2) Maintenant, je ne fais plus de sport, ___________________________

(3) Maintenant, je conduis lentement, _____________________________

(4) Maintenant, je lis très peu, __________________________________

003 예문과 같이 동사를 복합과거나 반과거로 알맞게 변화시키시오.

(rencontrer/porter) Quand j'*ai rencontré* Hélène, elle *portait* des lunettes noires.

(1) (sonner/dormir) Quand le téléphone _________, Pierre ________ encore.

(2) (avoir/rouler) Quand Vincent _________ son accident de moto, il _________ à 150km à l'heure.

(3) (sortir/pleuvoir) Quand je _________ hier soir, il ________ beaucoup.

(4) (prendre/avoir) Quand elle _________ le métro cet après-midi, il y _________ beaucoup de monde.

004 주어진 동사를 과거시제(복합과거나 반과거)로 바꾸어 다음 글을 완성하시오.

Quand je suis parti à Rome l'été dernier, il (faire)____________ beau. Soudain ma voiture (tomber)______________ en panne. Il (y avoir) ____________ personne sur la route. Comme je (perdre)____________ mon portefeuille, je (rentrer)________________ chez moi. Je (prendre) ____________ de l'argent. Et je (repartir)____________

Quand je suis arrivé à la gare, le train était déjà parti.

대과거(le plus-que-parfait)

✻ 형태

Être/ Avoir 반과거 + 과거분사

	manger	sortir
J’	avais mangé	étais sorti
Tu	avais mangé	étais sorti
Il/Elle	avait mangé	était sorti(e)
Nous	avions mangé	étions sortis
Vous	aviez mangé	étiez sortis
Ils/Elles	avaient mangé	étaient sorti(e)s

✻ 용법

과거의 어떤 행위 이전에 일어난 다른 행위를 표현한다.

Quand je suis arrivé chez elle, elle était déjà partie.

Quand tu as trouvé du travail, tu avais déjà terminé tes études.

Quand je me suis levé, ma sœur était déjà sortie.

Quand je suis rentré à la maison, ma femme s'était déjà couchée.

001 주어진 동사를 대과거로 변화시키시오.

(1) (rencontrer) J'ai revu les amis que je ______________ à Paris.

(2) (déjeuner) Je n'ai voulu rien manger parce que je ____________.

(3) (finir de travailler) Quand il ______________, il sortait.

(4) (aimer) Il m'a dit qu'elle __________________________.

(5) (être) Elle m'a dit que son fils ______________ malade.

(6) (acheter) J'ai perdu le stylo que je ____________ l'année dernière.

002 예문과 같이 주어진 표현을 변화시키시오.

J'arrive chez elle. Elle part.
⇒ Quand je suis arrivé chez elle, elle *était déjà partie*.

(1) J'arrive dans la classe. Le cours commence.

⇒ ____

(2) Je sors. Le soleil se couche.

⇒ ____

(3) Tu te réveilles. Nous finissons de manger.

⇒ ____

(4) Il arrive à l'hôpital. Il perd beaucoup de sang.

⇒ ____

(5) Il fait la vaisselle. Elle s'habille.

⇒ ____

003 주어진 동사를 알맞은 시제로 바꾸어 다음 대화문을 완성하시오.

A : Quand je suis rentré à la maison vers 6 heures, ma femme (sortir) ____________

B : Pourtant, je (parler) ______ avec elle au téléphone peu de temps avant.

A : Ah, bon !

B : Oui ! Elle m'a dit qu'elle (faire) _________ des courses avec sa mère cet après-midi.

Pierrot fait sourire les enfants.

사역동사와 지각동사

· faire mourir/tuer
Le chat a fait mourir la souris.
Le chat a tué la souris.
(= La souris a été tuée par le chat.)

✻ 사역동사(le verbe factitif)

(1) Faire + infinitif : 사역의 의미를 갖는다.

Mme Kim fait travailler ses enfants tous les soirs.
(= Mme Kim fait en sorte que ses enfants travaillent tous les soirs.)
Louis XIV a fait construire le château de Versailles par un architecte.
(= Louis XIV a fait en sorte qu'un architecte construise le château de Versailles.)
M. Martin fait apprendre l'espagnol à ses élèves.
(= M. Martin fait en sorte que ses élèves apprennent l'espagnol.)

(2) Laisser + infinitif : 방임의 의미를 갖는다.

Pierre laisse pleurer Marie.
La police a laissé les enfants casser les vitres.

✻ 지각동사(le verbe de perception) : voir, regarder, entendre, écouter, sentir...

J'ai vu Jean courir dans le jardin.
(= J'ai vu courir Jean dans le jardin.)
Il regarde les feuilles tomber par la fenêtre.
(= Il regarde tomber les feuilles par la fenêtre.)
Elle a entendu les oiseaux chanter.
(= Elle a entendu chanter les oiseaux.)

※ Elle regarde les gens peindre le mur.
(Elle regarde ~~peindre les gens~~ le mur.)
Nous avons écouté Sandrine chanter une chanson.
(Nous avons ~~écouté chanter~~ Sandrine une chanson.)

001 예문과 같이 문장을 고치시오.

(Jean) Marc court dans la cour. ⇒ Jean fait courir Marc dans la cour.

(1) (Vous) Paul travaille dur.
⇒ ______________________________

(2) (Ses parents) Marie sourit souvent.
⇒ ______________________________

(3) (Maman) Ses enfants se couchent.
⇒ ______________________________

(4) (Le professeur) Les élèves partent ensemble.
⇒ ______________________________

002 예문과 같이 문장을 고치시오.

J'ai fait pleurer Marie. ⇒ Je l'ai fait pleurer.

(1) Elle a fait courir sa sœur. ⇒ ______________________________

(2) Il a fait rire ses parents. ⇒ ______________________________

(3) Les médecins laissent dormir les malades.
⇒ ______________________________

(4) Vous avez laissé tomber les feuilles par terre.
⇒ ______________________________

003 밑줄 친 부분을 대명사로 바꾸어 대답하시오.

(1) Est-ce que vous avez entendu <u>les oiseaux</u> chanter ?
- Oui, je ______________________________

(2) Jeanne regarde-t-elle <u>la coiffeuse</u> couper les cheveux de son fils ?
- Oui, elle ______________________________

(3) Est-ce que vous voyez les gens construire <u>le château</u> ?
- Oui, nous ______________________________

Je partirai avec toi.

단순미래(le futur simple)

✲ 형태

동사의 원형 + 미래형 어미

	habiter	finir
Je(J')	habiterai	finirai
Tu	habiteras	finiras
Il/Elle	habitera	finira
Nous	habiterons	finirons
Vous	habiterez	finirez
Ils/Elles	habiteront	finiront

특수한 경우

être	Je serai	venir	Je viendrai
avoir	J'aurai	voir	Je verrai
faire	Je ferai	courir	Je courrai
aller	J'irai	savoir	Je saurai
pouvoir	Je pourrai	vouloir	Je voudrai

✲ 용법

미래의 사실이나 계획을 나타낸다.

Je serai à la piscine.

J'aurai un grand appartement.

J'habiterai à la campagne.

Il fera moins chaud demain.

001 다음 문장을 미래시제로 변화시키시오.

(1) Nous sommes libres. Demain, nous ________________

(2) Je vois un film. Demain, je ________________

(3) Il fait chaud. Demain, il ________________

(4) Nous mangeons du riz. Demain, nous ________________

(5) Il finit son devoir. Demain, il ________________

(6) Tu postes des lettres. Demain, tu ________________

(7) Vous dites la vérité. Demain, vous ________________

002 예문과 같이 단순미래형으로 문장을 완성하시오.

habiter / emmener

Quand tu habiteras en Corée, je t'emmènerai au temple.

(1) trouver / être

Quand tu ________ cette lettre, je ne ________ pas là.

(2) venir / manger

Quand vous ________ chez nous, on ________ dans le jardin.

(3) avoir / pouvoir

Quand tu ________ plus de 18 ans, tu ________ boire du vin.

(4) faire / aller

Quand il ________ beau, nous ________ à la montagne.

003 주어진 동사를 미래형으로 바꾸어 다음 글을 완성하시오.

Demain, je (aller)______ à la gare pour chercher mon ami.

Je (prendre)______ la voiture, je ne (conduire)_______ pas trop vite.

Il (descendre)_______ du train. Il (courir)____________ vers la sortie.

Enfin nous (se retrouver)_________________

Je sortirai quand j'aurai fini mon devoir.

전미래(le futur antérieur)

✲ 형태

조동사(avoir, être)의 단순미래 + 과거분사

✲ 용법

(1) 미래의 어떤 행위 이전에 이미 끝나 있을 행위를 나타낸다.

Lorsqu'il aura fini ses devoirs, il dormira.
Elle sera partie quand je rentrerai à la maison.

(2) 독립절에서 기준 시점에 비추어 완료된 행위를 나타낸다.

J'aurai fini ce travail avant midi.
Nous serons arrivés à Paris le 3 septembre.

(3) 과거사실에 대한 추측을 나타낸다.

Vous aurez laissé votre sac dans le métro.
Ils auront quitté leur pays natal dans la nuit.

(4) 미래의 어느 시점까지 완료되어야 할 완곡한 명령을 나타낸다.

Tu auras rendu cette carte avant ton départ.
Vous serez arrivé au bureau avant 9 heures.

001 알맞은 조동사를 사용하여 전미래 문장을 완성하시오.

(1) Lorsque tu (finir) ce travail, tu sortiras.

⇒ ______________________________

(2) Je dormirai dès que ma fille (rentrer).

⇒ ______________________________

(3) Quand mon ami (arriver) à la maison, je dînerai avec lui.

⇒ ______________________________

(4) Elle partira en vacances lorsqu'elle (recevoir) son salaire.

⇒ ______________________________

002 두 문장을 전미래 시제를 사용하여 한 문장으로 만드시오.

(1) Elle rencontrera son ami. Ils partiront ensemble pour Paris.

⇒ ______________________________

(2) Vous rentrerez chez vous. Vous dormirez tout de suite.

⇒ ______________________________

(3) Nous achèterons un appartement à Séoul. Nous déménagerons

⇒ ______________________________

(4) Ils arriveront à la bibliothèque. Ils rendront les livres.

⇒ ______________________________

003 전미래 시제를 사용하여 다음 대화문을 완성하시오.

Michel : Quand je rentrerai à la maison, tu te seras déjà couché ?

Cécile : Non. J'irai au lit quand tu (arriver)__________.

Michel : Tu (finir)__________ ton travail avant de dormir ?

Cécile : Mais oui. Je le (terminer)__________ avant d'aller au lit.

Il a dit qu'il s'était trompé.

간접화법 : 과거시제

(1) 주절의 전달동사가 과거일 때 인용문의 종속절 시제는 다음과 같이 바뀐다.

현재	⇒	반과거
복합과거	⇒	대과거
근접미래	⇒	"aller"(반과거형) + inf.
근접과거	⇒	"venir"(반과거형) + de + inf
미래	⇒	조건법

Il dit qu'il est content. ⇒ Il a dit qu'il était content.
Il dit qu'il s'est trompé. ⇒ Il a dit qu'il s'était trompé.
Il dit qu'il va sortir. ⇒ Il a dit qu'il allait sortir.
Il dit qu'il vient d'arriver. ⇒ Il a dit qu'il venait d'arriver.
Il dit qu'il m'écrira. ⇒ Il a dit qu'il m'écrirait.

종속절 시제에 나오는 조건법과 불변적 가치의 현재시제는 바뀌지 않는다.
Il a dit qu'il aimerait voir le directeur.
(⇒ Il a dit : "J'aimerais voir le directeur.")
Il a dit que Séoul a plus de dix millions d'habitants.
(⇒ Il a dit : "Séoul a plus de dix millions d'habitants.")

(2) 시간, 장소 부사도 다음과 같이 바뀐다.

aujourd'hui ⇒ ce jour-là
ce matin ⇒ ce matin-là
maintenant ⇒ alors
en ce moment ⇒ à ce moment-là
hier ⇒ la veille
avant-hier ⇒ l'avant-veille
demain ⇒ le lendemain
après-demain ⇒ le surlendemain
dimanche prochain ⇒ le dimanche suivant
dimanche dernier ⇒ le dimanche précédent
il y a trois jours ⇒ trois jours plus tôt
dans trois jours ⇒ trois jours plus tard

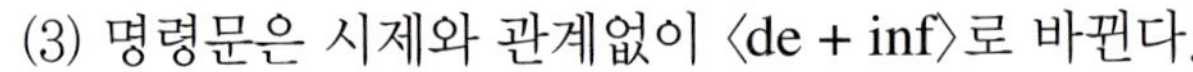
(3) 명령문은 시제와 관계없이 〈de + inf〉로 바뀐다.

Il a dit : "Entrez." ⇒ Il a dit d'entrer.
Il m'a dit : "Ne travaillez pas trop." ⇒ Il m'a dit de ne pas travailler trop.

001 예문과 같이 직접화법을 간접화법으로 바꾸시오.

Elle a dit : "Je suis fatiguée." ⇨ Elle a dit qu'elle était fatiguée.

(1) Jean a dit : "Je vais voir le médecin."
⇨ ______________________

(2) Tu m'as dit : "Je te téléphonerai demain."
⇨ ______________________

(3) Ma sœur a dit : "J'ai vu un type bizarre hier soir."
⇨ ______________________

(4) Ils m'ont dit : "Nous venons de recevoir une convocation à la police."
⇨ ______________________

002 예문과 같이 다음 문장을 과거시제로 바꾸시오.

Je rêve que je suis dans une île déserte.
⇨ J'ai rêvé que j'étais dans une île déserte.

(1) On apprend qu'il y aura un match de football entre la France et la Corée dans 15 jours.
⇨ ______________________

(2) Je vois à la télé qu'un acupuncteur calme la douleur.
⇨ ______________________

(3) Jean dit qu'il s'est passé quelque chose de grave la semaine dernière.
⇨ ______________________

003 다음 글을 간접화법으로 바꾸어 다시 쓰시오.

Ma mère a dit : "J'ai soixante ans aujourd'hui. J'ai bien travaillé toute ma vie. Je vais partir pendant trois mois. J'aimerais faire le tour du monde. Je partirai d'abord en Europe, ensuite en Amérique latine.

Ma mère a dit que ______________________
Elle a dit que ______________________
et que ______________________
Elle a dit que ______________________
et que ______________________

Vous auriez dû m'appeler plutôt.

조건법(le conditionnel)

✲ 형태

현재형 미래형 어간 + 반과거 어미	과거형 avoir/être 조건법 현재 + 과거분사
Je suis ⇒ Je serais	
Je saurai ⇒ Je saurais	J'aurais fait mon devoir.
Tu finiras ⇒ Tu finirais	Tu aurais su comment faire.
Il viendra ⇒ Il viendrait	Elle serait partie.
Nous avons ⇒ Nous aurions	Nous aurions fait le travail.
Nous mangerons ⇒ Nous mangerions	Vous vous seriez assis.
Vous pourrez ⇒ Vous pourriez	Ils seraient venus.
Ils joueront ⇒ Ils joueraient	

✲ 용법

(1) 정중한 표현이나 완곡한 표현에 사용된다.

Je voudrais bien vous demander quelque chose.

Vous auriez dû m'appeler plutôt.

Pardon, madame, pourriez-vous m'indiquer un bureau de tabac ?

(2) 과거에서의 미래를 나타낸다.

Il m'a dit : "Je te téléphonerai."

⇒ Il m'a dit qu'il me téléphonerait.

(3) 불확실한 사실이나 가상의 일을 표현한다.

Vous avez entendu l'explosion ? D'après les infos, il y aurait deux cents morts.

Il rêve d'habiter à Paris ; son appartement se trouverait au Quartier Latin, ses fenêtres donneraient sur un jardin.

(4) au cas où와 함께 쓰일 수 있다.

Au cas où il pleuvrait, le match aurait lieu le dimanche prochain.

001 주어진 동사를 조건법 현재로 써넣으시오.

(1) Je __________ (aimer) acheter une nouvelle voiture.

(2) Nous __________ (vouloir) vous demander un renseignement.

(3) Vous __________ (pouvoir) nous dire comment y aller.

(4) Tu __________ (devoir) finir ce devoir avant 20 heures.

(5) Je croyais qu'il __________ (venir).

(6) Je pensais que tu m'__________ (écrire).

002 예문과 같이 문장을 고쳐 쓰시오.

> J'aime voir cette pièce de théâtre. ⇨ J'aurais aimé voir cette pièce de théâtre.

(1) Nous voulons partir tôt le matin. ⇨ ______________________

(2) Vous devez aider votre femme. ⇨ ______________________

(3) Il doit éviter cette discussion. ⇨ ______________________

003 Venir, arriver, téléphoner, apporter 중에서 알맞은 동사를 골라 조건법으로 변화시켜 넣으시오.

(1) Nous pensions que vous ______________

(2) Il espérait que la lettre ______________ à temps !

(3) Vous avez dit que vous me ______________ avant d'arriver !

(4) Il a promis qu'il ______________ quelque chose.

004 괄호 안의 동사를 조건법으로 변화시켜 문장을 완성하시오.

> Christian et Emma, ils partent en voyage aux Philippines; j'________ (aimer) tellement partir avec eux ! Simone __________ (pouvoir) partir aussi. Je __________ (vouloir) tellement être en vacances.
> On __________ (loger) au bord de la mer. On __________ (aller) à la plage tous les jours. L'après-midi on __________ (se baigner), on __________ (pêcher) en mer.

S'il fait beau demain, nous partirons à la campagne.

가정법(l'hypothèse)

(1) 현재 사실에 반대되는 가정

Si + 반과거,　　조건법 현재

Si j'avais de l'argent, j'achèterais un ordinateur portable.

(= Je n'ai pas d'argent. Je ne peux pas acheter un ordinateur portable.)

※실현가능성이 희박한 가정에도 사용한다.

Si je devenais le président, je supprimerais le service militaire.

〈Si+반과거〉만을 사용하여, 어떤 제시를 하기도 한다.
Si on allait au cinéma ?
(= Je propose d'aller au cinéma.)

(2) 과거에 실현되지 않은 사실에 대한 가정

Si + 대과거,　　조건법 과거

Si j'avais beaucoup travaillé, j'aurais réussi au bac.

(= Je n'ai pas beaucoup travaillé. Je n'ai pas réussi au bac.)

(3) 미래에 대한 가정

① 실현가능성이 있는 가정

Si + 현재,　　단순미래

S'il fait beau demain, nous partirons à la campagne.

L'année prochaine, quand je finis mes études, j'irai en France.

② 당부의 말이나 권고의 표현

Si + 현재,　　명령형

Si tu as des problèmes, téléphone-moi !

Si tu as mal à la tête, prends de l'aspirine !

(4) 상식이나 일반적인 사실을 표현

Si + 현재,　　현재

Si on mange beaucoup, on grossit.

Si on marche tous les jours, on perd du poids.

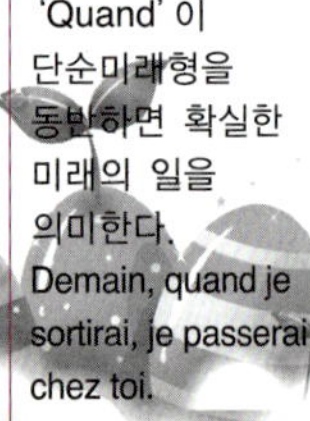

'Quand' 이 단순미래형을 동반하면 확실한 미래의 일을 의미한다.
Demain, quand je sortirai, je passerai chez toi.

001 예문과 같이 문맥에 따라 알맞은 가정법으로 자유롭게 대답하시오.

Si vous étiez malade, qu'est-ce que vous feriez ?
- Si j'étais malade, j'irais chez le médecin.

(1) Si tu avais assez d'argent, quelle voiture achèterais-tu ?
- ______________________________
(2) Si Pierre était sorti de l'hôpital, qu'est-ce qu'il aurait fait d'abord ?
- ______________________________
(3) Si vous aviez des vacances, où iriez-vous ?
- ______________________________
(4) Si tu allais en France, dans quelle ville habiterais-tu ?
- ______________________________

002 주어진 동사를 문맥에 따라 알맞은 가정법으로 쓰시오.

(1) Si tu sors sans manteau, tu (prendre)____________ froid.
(2) Si je tombais malade, je (manquer)____________ l'école.
(3) S'il avait raté son bac, il (étudier)____________ encore une année.
(4) Si vous mangiez moins, vous (être)____________ mince.

003 예문과 같이 문장을 당부나 권고의 표현으로 바꾸시오.

Pour mieux dormir, (manger) peu le soir !
⇒ *Si vous voulez mieux dormir, mangez* peu le soir !

(1) Pour être en forme, (faire) du sport !
⇒ Si vous ______________________________
(2) Pour être à l'heure au bureau, (partir) tôt !
⇒ Si vous ______________________________

004 다음 글을 완성하시오.

Le semestre prochain, juste après les vacances, je (partir)__________ en France. J'y (rester)______________ six mois pour un séjour linguistique. Je (étudier)____________ beaucoup le français. Et si je (avoir)____________ le temps, je (visiter) ____________ des villes.

Il faut que tu sois gentil.

접속법(le subjonctif)

✽ 형태

동사 3인칭복수 어간+접속법 동사 어미

	parler	finir	lire
Je	parle	finisse	lise
Tu	parles	finisses	lises
Il/Elle	parle	finisse	lise
Nous	parlions	finissions	lisions
Vous	parliez	finissiez	lisiez
Ils/Elles	parlent	finissent	lisent

※ 특수형

	avoir	être	aller
Je(J')	aie	sois	aille
Tu	aies	sois	ailles
Il/Elle	ait	soit	aille
Nous	ayons	soyons	allions
Vous	ayez	soyez	alliez
Ils/Elles	aient	soient	aillent

✽ 용법

아직 실현되지 않은 행위를 표현하거나 비현실적인 것, 불확실한 것을 주관적으로 표현할 때 사용한다.

· 접속법을 요구하는 동사

douter, craindre, souhaiter, vouloir, désirer, regretter, ordonner, conseiller...

· 접속법을 요구하는 비인칭 표현

Il faut que, il est possible que, il se peut que, il est juste que, il est temps que...

· 접속법을 요구하는 접속사

pour que, afin que, pourvu que, bien que, quoique, à condition que, à moins que, à supposer que, en attendant que, avant que, jusqu'à ce que, de peur que...

001 예문과 같이 주어진 표현을 바꾸시오.

Vous devez travailler dimanche. ⇒ Il faut que vous travailliez dimanche.

(1) Vous devez répéter votre leçon.
⇒ ________________________________

(2) Nous devons manger avant de partir.
⇒ ________________________________

(3) Elle doit préparer un parapluie.
⇒ ________________________________

(4) On doit insérer votre carte.
⇒ ________________________________

(5) Tu dois prendre des antibiotiques.
⇒ ________________________________

002 주어진 동사를 접속법 현재로 변화시키시오.

(1) (venir) Il se peut qu'il __________.

(2) (avoir) Je crains que son train n'__________ du retard.

(3) (réussir) Je doute qu'ils __________ l'examen.

(4) (finir) Tu regarderas la télé en attendant que je __________ mon repas.

(5) (faire) J'attendrai jusqu'à ce que tu __________ ce devoir.

(6) (être) Je travaille pour que tu __________ heureuse.

(7) (s'instruire) Je te conseille de lire, afin que tu __________.

(8) (mentir) Tu lui pardonnes, bien qu'il te __________.

003 주어진 동사를 알맞게 변화시켜 다음 대화문을 완성하시오.

A : Pierre, j'aimerais que tu __________ (être) gentil avec ton frère, Jean.
B : Maman, je regrette beaucoup que tu me __________ (parler) comme ça. Tu sais bien qu'il ment souvent.
A : Oui. Mais essaye de lui pardonner, pour qu'il __________ (changer).
B : D'accord, mais, j'ai peur qu'il __________ (faire) plus mal encore.

J'ai pris un taxi, parce qu'il pleuvait.

원인, 이유, 결과, 목적, 양보의 표현

✻ 이유, 원인

Parce que, puisque, comme, à cause de, car, grâce à

Pourquoi es-tu en retard ?

- Parce que j'ai eu un accident de voiture.

Je suis en retard à cause d'un accident de voiture.

J'ai pris un taxi parce qu'il pleuvait.

Comme il pleuvait, je suis resté à la maison.

✻ 목적

Pour, afin de, pour que, afin que

Il travaille dur pour réussir.

Elle a changé de place afin de mieux voir le spectacle.

✻ 결과

Par conséquent, de sorte que + indicatif, si bien que, si/tellement... que

Demain, c'est un jour férié, par conséquent on n'ira pas travailler.

Il a tellement neigé que la route est bloquée.

✻ 이유, 원인

Même si, malgré, bien que, quoique

Même s'il pleut, nous continuerons notre marche.

Malgré le mauvais temps, nous sommes sortis.

001 보기에서 알맞은 표현을 골라 넣으시오.

parce que, à cause de, comme, pour, afin que, par conséquent, bien que, grâce à

(1) Le match a été annulé ______________ la pluie.

(2) Elle a pris un médicament, __________ elle va beaucoup mieux maintenant.

(3) Nous nous sommes promenés au jardin, _____________ il faisait beau.

(4) ______________ il neigeait, je n'ai pas pu sortir.

(5) Mon père a dû travailler dix heures par jour ______________ je continue mes études en France.

(6) ______________ il soit tard, nous n'avons pas arrêté de travailler.

(7) Son frère a passé cinq ans en France _______ obtenir le diplôme de doctorat.

(8) ______________ votre aide, j'ai pu revenir chez moi sans difficulté.

002 다음 A와 B의 표현을 연결하여 완전한 문장을 만드시오.

A	B
1) Elle a mal à l'estomac	a) elle ne pourra pas réussir à l'examen
2) Elle a râté son examen	b) à cause d'un mal de tête
3) Puisqu'elle ne travaille pas	c) alors elle n'est pas partie en vacances
4) Elle vient à la soirée	d) quoiqu'elle soit malade
5) Elle n'avait pas d'argent	e) parce qu'elle a trop mangé

(1) Elle a mal à l'estomac parce qu'elle a trop mangé.

(2) ____

(3) ____

(4) ____

(5) ____

003 다음 질문에 자유롭게 대답하시오.

(1) André : Pourquoi tu sors souvent ?
Alice : Parce que ________________________.

(2) André : Pourquoi tu travailles dur ?
Chris : Je travaille dur pour ________________________.

(3) André : Qu'est-ce que tu as fait hier après-midi ?
Chris : Je me suis promené malgré ________________________.

Napoléon mourut en 1821.

단순과거(le passé simple)

✲ 형태

동사의 어간 + 단순과거형 어미

	demander	finir	croire
Je	demandai	finis	crus
Tu	demandas	finis	crus
Il/Elle	demanda	finit	crut
Nous	demandâmes	finîmes	crûmes
Vous	demandâtes	finîtes	crûtes
Ils/Elles	demandèrent	finirent	crurent

특수형

	être	avoir
Je(J')	fus	eus
Tu	fus	eus
Il/Elle	fut	eut
Nous	fûmes	eûmes
Vous	fûtes	eûtes
Ils/Elles	furent	eurent

✲ 용법

소설이나 이야기 속에서 과거시제를 나타낼 때 사용된다.

Napoléon mourut en 1821.

Cendrillon rencontra un beau prince au bal.

001 주어진 동사를 단순과거 형태로 바꾸시오.

(1) (entrer) Il __________ dans le village.

(2) (finir) Elle _________ sa mission.

(3) (se retourner) Ils __________ vers nous.

(4) (sortir) Il _____________ brusquement de la maison.

(5) (se réveiller) Elle ____________ vers 6 heures.

002 예문과 같이 복합과거를 단순과거로 바꾸어 문장을 완성하시오.

Hier, je suis allé à la piscine. ⇒ Ce jour-là, *j'allai à la piscine.*

(1) Hier, il a neigé toute la journée.
⇒ Ce jour-là, ____

(2) Hier, il a téléphoné à sa copine.
⇒ Ce jour-là, ____

(3) Hier, nous avons entendu un bruit inquiétant.
⇒ Ce jour-là, ____

(4) Hier, vous êtes partis pour voir un film.
⇒ Ce jour-là, ____

003 다음 텍스트를 단순과거로 바꾸어 다시 쓰시오.

Il était neuf heures du matin.
Il s'est habillé vite et il a avalé son café.
Il a pris son gros manteau car il faisait froid.
Il est arrivé en retard au travail.

⇓

Il *fut* neuf heures du matin.
____
____
____

Tableaux des conjugaisons

동사변화표

ÊTRE
[ɛtʀ]

indicatif présent		indicatif futur		indicatif imparfait	
je	suis	je	serai	j'	étais
tu	es	tu	seras	tu	étais
il	est	il	sera	il	était
nous	sommes	nous	serons	nous	étions
vous	êtes	vous	serez	vous	étiez
ils	sont	ils	seront	ils	étaient

conditionnel présent		indicatif passé simple		subjonctif présent	
je	serais	je	fus	que je	sois
tu	serais	tu	fus	que tu	sois
il	serait	il	fut	qu'il	soit
nous	serions	nous	fûmes	que nous	soyons
vous	seriez	vous	fûtes	que vous	soyez
ils	seraient	ils	furent	qu'ils	soient

AVOIR
[avwaʀ]

indicatif présent		indicatif futur		indicatif imparfait	
j'	ai	j'	aurai	j'	avais
tu	as	tu	auras	tu	avais
il	a	il	aura	il	avait
nous	avons	nous	aurons	nous	avions
vous	avez	vous	aurez	vous	aviez
ils	ont	ils	auront	ils	avaient

conditionnel présent		indicatif passé simple		subjonctif présent	
j'	aurais	j'	eus	que j'	aie
tu	aurais	tu	eus	que tu	aies
il	aurait	il	eut	qu'il	ait
nous	aurions	nous	eûmes	que nous	ayons
vous	auriez	vous	eûtes	que vous	ayez
ils	auraient	ils	eurent	qu'ils	aient

AIMER

[ɛ(e)me]

indicatif présent		indicatif futur		indicatif imparfait	
j'	aime	j'	aimerai	j'	aimais
tu	aimes	tu	aimeras	tu	aimais
il	aime	il	aimera	il	aimait
nous	aimons	nous	aimerons	nous	aimions
vous	aimez	vous	aimerez	vous	aimiez
ils	aiment	ils	aimeront	ils	aimaient
conditionnel présent		**indicatif passé simple**		**subjonctif présent**	
j'	aimerais	j'	aimai	que j'	aime
tu	aimerais	tu	aimas	que tu	aimes
il	aimerait	il	aima	qu'il	aime
nous	aimerions	nous	aimâmes	que nous	aimions
vous	aimeriez	vous	aimâtes	que vous	aimiez
ils	aimeraient	ils	aimèrent	qu'ils	aiment

COMMENCER

[kɔmɑ̃se]

indicatif présent		indicatif futur		indicatif imparfait	
je	commence	je	commencerai	je	commençais
tu	commences	tu	commenceras	tu	commençais
il	commence	il	commencera	il	commençait
nous	commençons	nous	commencerons	nous	commencions
vous	commencez	vous	commencerez	vous	commenciez
ils	commencent	ils	commenceront	ils	commençaient
conditionnel présent		**indicatif passé simple**		**subjonctif présent**	
je	commencerais	je	commençai	que je	commence
tu	commencerais	tu	commenças	que tu	commences
il	commencerait	il	commença	qu'il	commence
nous	commencerions	nous	commençâmes	que nous	commencions
vous	commenceriez	vous	commençâtes	que vous	commenciez
ils	commenceraient	ils	commencèrent	qu'ils	commencent

MANGER
[mɑ̃ʒe]

indicatif présent		indicatif futur		indicatif imparfait	
je	mange	je	mangerai	je	mangeais
tu	manges	tu	mangeras	tu	mangeais
il	mange	il	mangera	il	mangeait
nous	mangeons	nous	mangerons	nous	mangions
vous	mangez	vous	mangerez	vous	mangiez
ils	mangent	ils	mangeront	ils	mangeaient
conditionnel présent		**indicatif passé simple**		**subjonctif présent**	
je	mangerais	je	mangeai	que je	mange
tu	mangerais	tu	mangeas	que tu	manges
il	mangerait	il	mangea	qu'il	mange
nous	mangerions	nous	mangeâmes	que nous	mangions
vous	mangeriez	vous	mangeâtes	que vous	mangiez
ils	mangeraient	ils	mangèrent	qu'ils	mangent

APPELER
[aple]

indicatif présent		indicatif futur		indicatif imparfait	
j'	appelle	j'	appellerai	j'	appelais
tu	appelles	tu	appelleras	tu	appelais
il	appelle	il	appellera	il	appelait
nous	appelons	nous	appellerons	nous	appelions
vous	appelez	vous	appellerez	vous	appeliez
ils	appellent	ils	appelleront	ils	appelaient
conditionnel présent		**indicatif passé simple**		**subjonctif présent**	
j'	appellerais	j'	appelai	que j'	appelle
tu	appellerais	tu	appelas	que tu	appelles
il	appellerait	il	appela	qu'il	appelle
nous	appellerions	nous	appelâmes	que nous	appelions
vous	appelleriez	vous	appelâtes	que vous	appeliez
ils	appelleraient	ils	appelèrent	qu'ils	appellent

ACHETER
[aʃte]

indicatif présent		indicatif futur		indicatif imparfait	
j'	achète	j'	achèterai	j'	achetais
tu	achètes	tu	achèteras	tu	achetais
il	achète	il	achètera	il	achetait
nous	achetons	nous	achèterons	nous	achetions
vous	achetez	vous	achèterez	vous	achetiez
ils	achètent	ils	achèteront	ils	achetaient
conditionnel présent		**indicatif passé simple**		**subjonctif présent**	
j'	achèterais	j'	achetai	que j'	achète
tu	achèterais	tu	achetas	que tu	achètes
il	achèterait	il	acheta	qu'il	achète
nous	achèterions	nous	achetâmes	que nous	achetions
vous	achèteriez	vous	achetâtes	que vous	achetiez
ils	achèteraient	ils	achetèrent	qu'ils	achètent

PAYER
[pɛje]

indicatif présent		indicatif futur		indicatif imparfait	
je	paie / paye	je	paierai / payerai	je	payais
tu	paies / payes	tu	paieras / payeras	tu	payais
il	paie / paye	il	paiera / payera	il	payait
nous	payons	nous	paierons / payerons	nous	payions
vous	payez	vous	paierez / payerez	vous	payiez
ils	paient / payent	ils	paieront / payeront	ils	payaient
conditionnel présent		**indicatif passé simple**		**subjonctif présent**	
je	paierais / payerais	je	payai	que je	paie / paye
tu	paierais / payerais	tu	payas	que tu	paies / payes
il	paierait / payerait	il	paya	qu'il	paie / paye
nous	paierions / payerions	nous	payâmes	que nous	payions
vous	paieriez / payeriez	vous	payâtes	que vous	payiez
ils	paieraient / payeraient	ils	payèrent	qu'ils	paient / payent

ENVOYER
[ɑ̃vwaje]

indicatif présent		indicatif futur		indicatif imparfait	
j'	envoie	j'	enverrai	j'	envoyais
tu	envoies	tu	enverras	tu	envoyais
il	envoie	il	enverra	il	envoyait
nous	envoyons	nous	enverrons	nous	envoyions
vous	envoyez	vous	enverrez	vous	envoyiez
ils	envoient	ils	enverront	ils	envoyaient

conditionnel présent		indicatif passé simple		subjonctif présent	
j'	enverrais	j'	envoyai	que j'	envoie
tu	enverrais	tu	envoyas	que tu	envoies
il	enverrait	il	envoya	qu'il	envoie
nous	enverrions	nous	envoyâmes	que nous	envoyions
vous	enverriez	vous	envoyâtes	que vous	envoyiez
ils	enverraient	ils	envoyèrent	qu'ils	envoient

FINIR
[finiʀ]

indicatif présent		indicatif futur		indicatif imparfait	
je	finis	je	finirai	je	finissais
tu	finis	tu	finiras	tu	finissais
il	finit	il	finira	il	finissait
nous	finissons	nous	finirons	nous	finissions
vous	finissez	vous	finirez	vous	finissiez
ils	finissent	ils	finiront	ils	finissaient

conditionnel présent		indicatif passé simple		subjonctif présent	
je	finirais	je	finis	que je	finisse
tu	finirais	tu	finis	que tu	finisses
il	finirait	il	finit	qu'il	finisse
nous	finirions	nous	finîmes	que nous	finissions
vous	finiriez	vous	finîtes	que vous	finissiez
ils	finiraient	ils	finirent	qu'ils	finissent

ALLER
[ale]

indicatif présent		indicatif futur		indicatif imparfait	
je	vais	j'	irai	j'	allais
tu	vas	tu	iras	tu	allais
il	va	il	ira	il	allait
nous	allons	nous	irons	nous	allions
vous	allez	vous	irez	vous	alliez
ils	vont	ils	iront	ils	allaient
conditionnel présent		**indicatif passé simple**		**subjonctif présent**	
j'	irais	j'	allai	que j'	aille
tu	irais	tu	allas	que tu	ailles
il	irait	il	alla	qu'il	aille
nous	irions	nous	allâmes	que nous	allions
vous	iriez	vous	allâtes	que vous	alliez
ils	iraient	ils	allèrent	qu'ils	aillent

VENIR
[v(ə)niʀ]

indicatif présent		indicatif futur		indicatif imparfait	
je	viens	je	viendrai	je	venais
tu	viens	tu	viendras	tu	venais
il	vient	il	viendra	il	venait
nous	venons	nous	viendrons	nous	venions
vous	venez	vous	viendrez	vous	veniez
ils	viennent	ils	viendront	ils	venaient
conditionnel présent		**indicatif passé simple**		**subjonctif présent**	
je	viendrais	je	vins	que je	vienne
tu	viendrais	tu	vins	que tu	viennes
il	viendrait	il	vint	qu'il	vienne
nous	viendrions	nous	vînmes	que nous	venions
vous	viendriez	vous	vîntes	que vous	veniez
ils	viendraient	ils	vinrent	qu'ils	viennent

VOULOIR
[vulwaʀ]

indicatif présent		indicatif futur		indicatif imparfait	
je	veux	je	voudrai	je	voulais
tu	veux	tu	voudras	tu	voulais
il	veut	il	voudra	il	voulait
nous	voulons	nous	voudrons	nous	voulions
vous	voulez	vous	voudrez	vous	vouliez
ils	veulent	ils	voudront	ils	voulaient
conditionnel présent		**indicatif passé simple**		**subjonctif présent**	
je	voudrais	je	voulus	que je	veuille
tu	voudrais	tu	voulus	que tu	veuilles
il	voudrait	il	voulut	qu'il	veuille
nous	voudrions	nous	voulûmes	que nous	voulions
vous	voudriez	vous	voulûtes	que vous	vouliez
ils	voudraient	ils	voulurent	qu'ils	veuillent

POUVOIR
[puvwaʀ]

indicatif présent		indicatif futur		indicatif imparfait	
je / ou je	peux / puis	je	pourrai	je	pouvais
tu	peux	tu	pourras	tu	pouvais
il	peut	il	pourra	il	pouvait
nous	pouvons	nous	pourrons	nous	pouvions
vous	pouvez	vous	pourrez	vous	pouviez
ils	peuvent	ils	pourront	ils	pouvaient
conditionnel présent		**indicatif passé simple**		**subjonctif présent**	
je	pourrais	je	pus	que je	puisse
tu	pourrais	tu	pus	que tu	puisses
il	pourrait	il	put	qu'il	puisse
nous	pourrions	nous	pûmes	que nous	puissions
vous	pourriez	vous	pûtes	que vous	puissiez
ils	pourraient	ils	purent	qu'ils	puissent

DEVOIR
[dəvwaʀ]

indicatif présent		indicatif futur		indicatif imparfait	
je	dois	je	devrai	je	devais
tu	dois	tu	devras	tu	devais
il	doit	il	devra	il	devait
nous	devons	nous	devrons	nous	devions
vous	devez	vous	devrez	vous	deviez
ils	doivent	ils	devront	ils	devaient
conditionnel présent		**indicatif passé simple**		**subjonctif présent**	
je	devrais	je	dus	que je	doive
tu	devrais	tu	dus	que tu	doives
il	devrait	il	dut	qu'il	doive
nous	devrions	nous	dûmes	que nous	devions
vous	devriez	vous	dûtes	que vous	deviez
ils	devraient	ils	durent	qu'ils	doivent

FAIRE
[fɛʀ]

indicatif présent		indicatif futur		indicatif imparfait	
je	fais	je	ferai	je	faisais
tu	fais	tu	feras	tu	faisais
il	fait	il	fera	il	faisait
nous	faisons	nous	ferons	nous	faisions
vous	faites	vous	ferez	vous	faisiez
ils	font	ils	feront	ils	faisaient
conditionnel présent		**indicatif passé simple**		**subjonctif présent**	
je	ferais	je	fis	que je	fasse
tu	ferais	tu	fis	que tu	fasses
il	ferait	il	fit	qu'il	fasse
nous	ferions	nous	fîmes	que nous	fassions
vous	feriez	vous	fîtes	que vous	fassiez
ils	feraient	ils	firent	qu'ils	fassent

DIRE
[diʀ]

indicatif présent		indicatif futur		indicatif imparfait	
je	dis	je	dirai	je	disais
tu	dis	tu	diras	tu	disais
il	dit	il	dira	il	disait
nous	disons	nous	dirons	nous	disions
vous	dites	vous	direz	vous	disiez
ils	disent	ils	diront	ils	disaient
conditionnel présent		**indicatif passé simple**		**subjonctif présent**	
je	dirais	je	dis	que je	dise
tu	dirais	tu	dis	que tu	dises
il	dirait	il	dit	qu'il	dise
nous	dirions	nous	dîmes	que nous	disions
vous	diriez	vous	dîtes	que vous	disiez
ils	diraient	ils	dirent	qu'ils	disent

VOIR
[vwaʀ]

indicatif présent		indicatif futur		indicatif imparfait	
je	vois	je	verrai	je	voyais
tu	vois	tu	verras	tu	voyais
il	voit	il	verra	il	voyait
nous	voyons	nous	verrons	nous	voyions
vous	voyez	vous	verrez	vous	voyiez
ils	voient	ils	verront	ils	voyaient
conditionnel présent		**indicatif passé simple**		**subjonctif présent**	
je	verrais	je	vis	que je	voie
tu	verrais	tu	vis	que tu	voies
il	verrait	il	vit	qu'il	voie
nous	verrions	nous	vîmes	que nous	voyions
vous	verriez	vous	vîtes	que vous	voyiez
ils	verraient	ils	virent	qu'ils	voient

SAVOIR
[savwaʀ]

indicatif présent		indicatif futur		indicatif imparfait	
je	sais	je	saurai	je	savais
tu	sais	tu	sauras	tu	savais
il	sait	il	saura	il	savait
nous	savons	nous	saurons	nous	savions
vous	savez	vous	saurez	vous	saviez
ils	savent	ils	sauront	ils	savaient
conditionnel présent		**indicatif passé simple**		**subjonctif présent**	
je	saurais	je	sus	que je	sache
tu	saurais	tu	sus	que tu	saches
il	saurait	il	sut	qu'il	sache
nous	saurions	nous	sûmes	que nous	sachions
vous	sauriez	vous	sûtes	que vous	sachiez
ils	sauraient	ils	surent	qu'ils	sachent

RECEVOIR
[ʀəsvwaʀ]

indicatif présent		indicatif futur		indicatif imparfait	
je	reçois	je	recevrai	je	recevais
tu	reçois	tu	recevras	tu	recevais
il	reçoit	il	recevra	il	recevait
nous	recevons	nous	recevrons	nous	recevions
vous	recevez	vous	recevrez	vous	receviez
ils	reçoivent	ils	recevront	ils	recevaient
conditionnel présent		**indicatif passé simple**		**subjonctif présent**	
je	recevrais	je	reçus	que je	reçoive
tu	recevrais	tu	reçus	que tu	reçoives
il	recevrait	il	reçut	qu'il	reçoive
nous	recevrions	nous	reçûmes	que nous	recevions
vous	recevriez	vous	reçûtes	que vous	receviez
ils	recevraient	ils	reçurent	qu'ils	reçoivent

OFFRIR
[ɔfʀiʀ]

indicatif présent		indicatif futur		indicatif imparfait	
j'	offre	j'	offrirai	j'	offrais
tu	offres	tu	offriras	tu	offrais
il	offre	il	offrira	il	offrait
nous	offrons	nous	offrirons	nous	offrions
vous	offrez	vous	offrirez	vous	offriez
ils	offrent	ils	offriront	ils	offraient
conditionnel présent		**indicatif passé simple**		**subjonctif présent**	
j'	offrirais	j'	offris	que j'	offre
tu	offrirais	tu	offris	que tu	offres
il	offrirait	il	offrit	qu'il	offre
nous	offririons	nous	offrîmes	que nous	offrions
vous	offririez	vous	offrîtes	que vous	offriez
ils	offriraient	ils	offrirent	qu'ils	offrent

TENIR
[t(ə)niʀ]

indicatif présent		indicatif futur		indicatif imparfait	
je	tiens	je	tiendrai	je	tenais
tu	tiens	tu	tiendras	tu	tenais
il	tient	il	tiendra	il	tenait
nous	tenons	nous	tiendrons	nous	tenions
vous	tenez	vous	tiendrez	vous	teniez
ils	tiennent	ils	tiendront	ils	tenaient
conditionnel présent		**indicatif passé simple**		**subjonctif présent**	
je	tiendrais	je	tins	que je	tienne
tu	tiendrais	tu	tins	que tu	tiennes
il	tiendrait	il	tint	qu'il	tienne
nous	tiendrions	nous	tînmes	que nous	tenions
vous	tiendriez	vous	tîntes	que vous	teniez
ils	tiendraient	ils	tinrent	qu'ils	tiennent

METTRE
[mɛtʀ]

indicatif présent		indicatif futur		indicatif imparfait	
je	mets	je	mettrai	je	mettais
tu	mets	tu	mettras	tu	mettais
il	met	il	mettra	il	mettait
nous	mettons	nous	mettrons	nous	mettions
vous	mettez	vous	mettrez	vous	mettiez
ils	mettent	ils	mettront	ils	mettaient

conditionnel présent		indicatif passé simple		subjonctif présent	
je	mettrais	je	mis	que je	mette
tu	mettrais	tu	mis	que tu	mettes
il	mettrait	il	mit	qu'il	mette
nous	mettrions	nous	mîmes	que nous	mettions
vous	mettriez	vous	mîtes	que vous	mettiez
ils	mettraient	ils	mirent	qu'ils	mettent

RENDRE
[ʀɑ̃dʀ]

indicatif présent		indicatif futur		indicatif imparfait	
je	rends	je	rendrai	je	rendais
tu	rends	tu	rendras	tu	rendais
il	rend	il	rendra	il	rendait
nous	rendons	nous	rendrons	nous	rendions
vous	rendez	vous	rendrez	vous	rendiez
ils	rendent	ils	rendront	ils	rendaient

conditionnel présent		indicatif passé simple		subjonctif présent	
je	rendrais	je	rendis	que je	rende
tu	rendrais	tu	rendis	que tu	rendes
il	rendrait	il	rendit	qu'il	rende
nous	rendrions	nous	rendîmes	que nous	rendions
vous	rendriez	vous	rendîtes	que vous	rendiez
ils	rendraient	ils	rendirent	qu'ils	rendent

PRENDRE
[pʀɑ̃dʀ]

indicatif présent		indicatif futur		indicatif imparfait	
je	prends	je	prendrai	je	prenais
tu	prends	tu	prendras	tu	prenais
il	prend	il	prendra	il	prenait
nous	prenons	nous	prendrons	nous	prenions
vous	prenez	vous	prendrez	vous	preniez
ils	prennent	ils	prendront	ils	prenaient
conditionnel présent		**indicatif passé simple**		**subjonctif présent**	
je	prendrais	je	pris	que je	prenne
tu	prendrais	tu	pris	que tu	prennes
il	prendrait	il	prit	qu'il	prenne
nous	prendrions	nous	prîmes	que nous	prenions
vous	prendriez	vous	prîtes	que vous	preniez
ils	prendraient	ils	prirent	qu'ils	prennent

김경숙: 청주대학교 교수
김경희: 한양대학교 교수
김언자: 강원대학교 교수
김현주: 단국대학교 연구교수
서은영: 숙명여자대학교 강사
선효숙: 경희대학교 교수
조항덕: 숙명여자대학교 교수
Pierrick MICOTTIS : 경희대학교 교수

Le français *intermédiaire*

발행일
1판 1쇄 발행 _ 2010년 2월 25일
1판 2쇄 발행 _ 2014년 2월 20일

저 자
김경숙, 김경희, 김언자, 김현주, 서은영, 선효숙, 조항덕

펴낸이
정현걸

발행처
신아사

인 쇄
소망인쇄

정 가
12,000원

출판등록 • 1956년 1월 5일 (제9-52호)
서울특별시 은평구 녹번동 28-36번지 2F
TEL : 02)382-6411 • FAX : 02)382-6401
홈페이지 • www.shinasa.co.kr
이메일 • shinasa@chol.com